Tichy – Schranzhofer

LIBENTER LATINUM !
SO LERNST DU GERN LATEIN.

Lösungsheft 2

Tichy – Schranzhofer

Libenter Latinum !

So lernst du gern Latein.

Lateinischer Lehrgang
für Jugendliche und Erwachsene

Lösungsheft 2

Lösungen der Übungen

Wien 2023

Herstellung und Verlag: BoD – Books on Demand, Norderstedt

© 2023 Gertrud Tichy

Bibliografische Information der Deutschen Nationalbibliothek: Die Deutsche Nationalbibliothek verzeichnet diese Publikation in der Deutschen Nationalbibliografie; detaillierte bibliografische Daten sind im Internet über dnb.dnb.de abrufbar.

ISBN 9783757810474

Übungen 1

1 a) exspectant, audiunt, aperit, ridet, bibunt, intrant
sedent, dicunt, scribit, discedunt, veniunt, manet

1 b) 1. Valerius hic sede**t** et scri**bit**.
Valerius sitzt hier und schreibt.

2. Quis veni**t**? - Caecilius et Aemilius veni**unt**.
Wer kommt? – Cäcilius und Ämilius kommen.

3. Philippus iam exspecta**t**; audi**t** et aperi**t** et dici**t**: "Valerius scri**bit**."
Philippus wartet schon; er hört zu und sagt: "Valerius schreibt."

4. Caecilius et Aemilius audi**unt**. Intra**nt** et saluta**nt**. Valerius ride**t** et saluta**t**.
Cäcilius und Ämilius hören zu.
Sie treten ein und grüßen. Valerius lacht und grüßt.

5. Tum Valerius, Caecilius, Aemilius hic sede**nt**: Cena**nt**, bibu**nt**, libenter disputa**nt**.
Dann sitzen Valerius, Cäcilius und Ämilius hier:
Sie essen, trinken und diskutieren gern.

6. Valerius et Philippus narra**nt**; Aemilius et Caecilius tace**nt** et audi**unt** et ride**nt**.
Valerius und Philippus erzählen;
Ämilius und Cäcilius schweigen, hören zu und lachen.

7. Dic**unt** (Pl.): "Quis non bi**bit**? "Ecce: Philippus non bi**bit**, non cena**t**.
Sie sagen: "Wer trinkt nicht?"
Sieh da: Philippus trinkt nicht, er isst nicht.

8. Philippus non ride**t**. Diligenter audi**t** et scri**bit**. Sero Caecilius et Aemilius disced**unt**.
Philippus lacht nicht.
Er hört aufmerksam zu und schreibt. Cäcilius und Ämilius gehen (erst) spät fort.

1 c) 1. Caecilius et Aemilius intrant et salutant.
2. Philippus aperit, iam diu exspectat.
3. Valerius hic sedet. Valerius, Caecilius, Aemilius tum cenant, bibunt.
4. Valerius et Philippus narrant. Philippus non ridet. Aemilius et Caecilius tacent.
5. Philippus audit et diligenter scribit.
6. Caecilius et Aemilius diu manent et sero discedunt.

Übungen 2

2 a) amic**i** - (die) Freunde); serv**us** -der/ein Sklave; vir**i** -(die) Männer; domin**i** - -(die) Herren;
puell**a** - das/ein Mädchen; pue**ri** - -(die) Knaben; domin**ae** – (die) Herrinnen

2 b) amicus egregius – ein hervorragender Freund; servi fidi – treue Sklaven;
vir liber –ein freier Mann; dominus iustus – der gerechte Herr; puellae pulchrae – schöne
Mädchen; puer miser – der arme Knabe; domina aegra – die kranke Herrin

2 c) 1. boni, ~~servi~~, miseri, aegri, docti   *einziges Substantiv*
2. aeger, miser, liber, ~~diligenter~~, pulcher   *kein Adjektiv*
3. liber, miser, pulcher, ~~puer~~, aeger   *einziges Substantiv*
4. fidi, ~~aegri~~, boni, magni, laeti   *m. Sg. auf -er*
5. domini, amici, ~~viri~~, servi   *Nom. Sg. auf -er*
6. ~~aeger~~, miser, liber   *Stamm ohne -e-*

2 d) 1. Valerius est vir Romanus. Marcus est puer Romanus.
2. Claudia est domina. Valeria est puella Romana.
3. Pueri currunt et pugnant.
4. Afer aeger est. Afer non surgit.

5. Servi dolent, cum dominus aeger est-
6. Claudia domina bona est.
7. Gaius puer laetus est.
8. Aemilius amicus fidus est.
9. Valerius et liberi gaudent, quod Flaccus paret et fidus est.
10. Valerius hic sedet et narrat.

2 e) 1. Der kranke Sklave ist bedauernswert.
   Servi aegri miseri sunt. Die kranken Sklaven sind bedauernswert.
2. Wenn er krank ist, steht er nicht auf.
   Cum aegri sunt, non surgunt. Wenn sie krank sind, stehen sie nicht auf.
3. Er fürchtet sich, weil er heute nicht arbeitet.
   Timent, quod hodie non laborant. Sie fürchten sich, weil sie heute nicht arbeiten.
4. Vir Romanus gaudet, cum amicus venit, diu manet.
   Der römische Mann freut sich, wenn ein Freund kommt und lange bleibt.
   Viri Romani gaudent, cum amici veniunt, diu manent.
   Römische Männer freuen sich, cum Freunde kommen und lange bleiben.
5. Nam amicus narrat, ridet, sero discedit.
   Denn der Freund erzählt, lacht und geht spät fort.
   Nam amici narrant, rident, sero discedunt.
   Denn die Freunde erzählen, lachen und gehen spät fort.
6. Puer Romanus saepe ludit aut currit. Der römische Junge spielt oder läuft oft.
   Pueri Romani saepe ludunt aut currunt. Römische Jungen spielen oder laufen oft.

Übungen 3

3 a) 1. viros liberos, dominum iustum, puerum Romanum, servos doctos
   die freien (freie) Männer, den/einen gerechten Herrn, den/einen römischen Knaben,
   die gebildeten (gebildete) Sklaven

2. hortum pulchrum, amicos fidos, lupos magnos, patronum bonum
   den/einen schönen Garten, treue Freunde, große Wölfe, den/einen guten
   Patron/Anwalt

3. puellam pulchram, lupum miserum, amicas aegras, patronos bonos
   das schöne (ein schönes) Mädchen, den/einen armen Wolf, die kranken (kranke)
   Freundinnen, die guten (gute) Patrone/Anwälte

4. virum liberum, ancillas timidas, pueros Romanos, dominam doctam
   den/einen freien Mann, die ängstlichen (ängstliche) Sklavinnen,
   die römischen (römische) Knaben, die /eine gebildete Herrin

3 b) 1. Flaccus läuft auf die Mauer zu, wenn er den benachbarten Wolf bemerkt.
2. Aber der Wolf läuft auf die Mauer zu, wenn er (den) Flaccus hört.
3. Wer hält den Wolf auf oder vertreibt ihn, wenn er die Mauer überspringt?
4. Der große Wolf weicht nicht zurück, wenn er nicht die Männer bemerkt.

3 c) Caecilia lup**um** magn**um** habet. Vicinus corvos pulchr**os** habet. Hodie lupus mur**um** superat, quod corv**os** sentit. Corvi maxime claman**t**, cum lup**um** senti**unt**. Nam corvi lup**um** valde tim**ent**. Tamen lupus corv**os** non petit, sed corvi lup**um** pet**unt**.
Vicinus frustra serv**os** fid**os** vocat: Servi non apparent: Quod procul sunt, domin**um** non audiunt. Sed lupus vir**um** miser**um** petit. Tum Caecilia lup**um** vocat. Lupus puell**am** audit: Iam cedit. Vir puell**am** pulchr**am** et lup**um** magn**um** videt. Clamat: "Lupus avidus puell**as** petit!" Caecilia vicin**um** timid**um** ridet: "Lupus bonus est. Domin**am** non petit, sed servat."

Cäcilia hat einen großen Wolf. Der Nachbar hat schöne Raben. Heute überspringt der Wolf die Mauer, weil er die Raben riecht. Die Raben schreien laut, weil sie den Wolf bemerken. Denn die Raben fürchten den Wolf sehr. Dennoch greift der Wolf die Raben nicht an, sondern die Raben den Wolf. Der Nachbar ruft vergeblich die treuen Sklaven. Die Sklaven erscheinen nicht: Weil sie fern sind, hören sie den Herrn nicht. Aber der Wolf läuft auf den Mann zu. Da ruft Cäcilia den Wolf. Der Wolf hört das Mädchen. Schon weicht er zurück. Der Mann sieht das hübsche Mädchen und den großen Wolf. Er schreit: "Ein hugriger Wolf greift die Mädchen an! " Cäcilia lacht über den ängstlichen Mann: "Der Wolf ist brav. Er greift seine Herrin nicht an, sondern beschützt sie. "

3 d) Luzius hat einen großen Wolf. Der Wolf liebt seinen Herrn. Der Nachbar hat einen schönen Papagei und liebt ihn sehr. Oft rufen Valeria und Cäcilis den Papagei. Wenn der schöne Papagei auf die Mädchen zugeht, freut sich auch Luzius. Aber der Nachbar ist nicht froh, wenn der Junge oder das Mädchen den schönen Papagei hält. Heute ruft er seine Sklaven. Die treuen Sklaven hören den Herrn. Schon sind sie da, schon gehen sie auf den Knaben und das Mädchen zu. Die furchtsamen Mädchen gehen fort, sie laufen weg. Luzius bleibt, weil er den Papagei hält. So rettet er Cäcilia und Valeria. Weil er den harten Nachbar und die Sklaven sehr fürchtet, ruft der bedauernswerte Luzius den Wolf. Die Sklaven greifen den Jungen an, aber der brave Wolf hört seinen Herrn: Schließlich vertreibt er die Sklaven und den Nachbar. Denn auch ein freier Mann fürchtet einen großen Wolf. Der fröhliche Junge lobt den treuen Wolf sehr.

Übungen 4

4 a) 1. sedet/sedunt, agit/agunt, sentit/sentiunt, surgit/surgunt, servat/servant, poscit/poscunt, habet/habent, aperit/aperiunt, petit/petunt, sumit/sumunt

2. debet/debent, est/sunt, superat/superant, gaudet/gaudent, audit/audiunt, tacet/tacent, pugnat/pugnant, timet/timent, dicit/dicunt, tenet/tenent

4 b) agere, esse, colere, intrare, sedere, ridere, aperire, manere, sumere, venire, iuvare, ducere

4 c) discedere parant, dicere solet, scribere parant, salutare solent, tacere debet
audire studet, manere debent, vocare solet, adesse studet, iuvare parat

4 d) 1. Marcus et Valerius disced**unt**.
Marcus und Valerius gehen fort. reisen.

2. Claudia in Campaniam migra**re** parat.
Claudia schickt sich an, nach Kampanien zu

3. Patroni libertos iuvare sole**nt**.
Die Patrone pflegen ihre Freigelassenen zu unterstützen.

4. Liberti patronos mane saluta**re** debent.
Die Freigelassenen müssen ihre Patrone in der Früh besuchen.

5. Quid Caecilius dic**ere** solet?
Was pflegt Cäcilius zu sagen?

6. Liberi narrant, sed Lucius non aud**it** .
Die Kinder erzählen, aber Luzius hört nicht zu.

4 e)

1. Valerius Caecilium visitat.   Valerius besucht Cäcilius.
Caecilius Valerium visitat.   Valerius besucht Cäcilius.

2. Valeria Marcum laudat.   Valeria lobt Markus.
Marcus Valeriam laudat.   Markus lobt Valeria.

3. Puellae magistrum salutant.   Die Mädchen grüßen den Lehrer.
   Magister puellas salutat.   Der Lehrer grüßt die Mädchen.

4. Liberti patronum iuvant.   Die Freigelassenen helfen ihren Patronen.
   Patroni libertos iuvant.   Die Patrone helfen ihren Freigelassenen.

5. Dominus servos vocat.   Der Herr ruft die Sklaven.
   Servi dominum vocant.   Die Sklaven rufen den Herrn.

6. Claudia amicas convenit.   Claudia trifft ihre Freundinnen.
   Amicae Claudiam conveniunt.   Die Freundinnen treffen Claudia.

4 f) 1. Patroni boni mane multos viros audire solent.
     Gute Patrone pflegen in der Früh viele Männer anzuhören.

2. Multi viri Valerium mane salutant, quod cibum aut pecuniam sperant.
     Viele Männer grüßen Valerius in der Früh, weil sie Nahrung oder Geld erhoffen.

3. Statius Valerium hodie salutat. - Heute grüßt Statius den Valerius.

4. Valerius hodie Alexandrum libertum iuvat.
     Valerius unterstützt heute seinen Freigelassenen Alexander.

5. Valerius in curiam properare parat. - Valerius schickt sich an, in die Kurie zu eilen.

6. Ibi causam dicere solet. - Dort pflegt er einen Prozess zu führen.

7. Valerius hodie amicum non visitat, quod epistulas scribere debet.
     Valerius besucht heute seinen Freund nicht, weil er Briefe schreiben muss.

8. Viri Romani saepe thermas intrant, quod ibi magna turba est.
     Römische Männer gehen in die Thermen, weil dort viele Leute sind.

9. Ibi amicos conveniunt. - Dort treffen sie Freunde.

10. Tum cenant. - Dann nehmen sied as Abendessen ein.

4 g) viri Romani (1.Pl.m.), magister egregius (1.Sg.m.), domina bona (1.Sg.f.), ancillam timidam (4.Sg.f.), puellae pulchae (1.Pl.f.), domini severi (1.Pl.m.), pueri laeti (1.Pl.m.), servos miseros (4.Pl.m.), patronus aeger (1.Sg.m.), amicum fidum (4.Sg.m.), magistrum severum (4.Sg.m.),
viros liberos (4.Pl.m.)

römische Männer, ein hervorragender Lehrer, die/eine gute Herrin, die/eine ängstliche Sklavin, schöne Mädchen, strenge Herren, fröhliche Buben, die bedauernswerten Sklaven, der kranke Patron, den/einen treuen Freund, den/einen strengen Lehrer, freie Männer

Übungen 5

5 a) 1. sie treiben/tun, sie waren, sie besuchen, sie schrieben, er/sie/es fällt, er/sie/es hört, sie bleiben, er/sie/es hat, er/sie/es spielte, er/sie/es kommt;
agebant, sunt, visitabant, scribunt, cadebat, audiebat, manebant, habebat, ludit, veniebat

2. er/sie/es öffnete, sie sind, sie schlagen, sie suchten auf, sie kämpfen, er/sie/es schreibt, er/sie/es hielt zurück, er/sie/es verlangte, sie hörten, er/sie/es bittet;
aperit, erant, feriebant, petunt, pugnabant, scribebat, retinet, poscit, audiunt, orabat

3. adest, prohibet, iuvant, debent, liberat, vertebat, laedit, sentit, sumunt, iacebant
er/sie/es ist da/hilft, er/sie/es hindert, sie unterstützen, sie müssen, er/sie/es befreit, er/sie/es wendete, er/sie/es verletzt, er/sie/es merkt, sie nehmen, sie lagen;
aderat, prohibebat, iuvabant, debebant, liberabat, vertit, laedebat, sentiebat, sumebant, iacent

5 b) 1. Römische Männer grüßten in der Früh ihre Patrone. Dann eilten sie auf das Forum. (Imperfekt, wiederholte Handlung)

2. Valerius wollte fortgehen (Versuchsimperf.), aber Flaccus hielt den Herrn zurück (Imperf., lang andauernd), er hörte nicht und wich auch nicht (Imperf.,wiederholt bzw. lang andauernd) .

3. Sooft ein Vorzeichen Valerius erschreckt, geht er nicht aus, sondern bittet die Götter um Schutz (Präsens).

4. Valerius saß mit seinen Söhnen im Garten, er erwartete die Freunde (Imperf.,wiederholt). Schließlich kommt Licinius ohne die Freunde (Präsens).

5. In den Straßen war eine Menschenmenge, weil viele Männer auf das Forum eilten, Sklaven Geschrei machten (riefen) und Kinder spielten.

6. Weil die Menge die Pferde erschreckt, fallen die Holzbalken auf die Straße. Sie verletzen den Freund, auch einen anderen Mann treffen sie. (Präsens)

7. Die Freunde halfen Cäcilius, weil er auf der Straße lag (Imperf., lange andauernd).

8. Sooft Valerius den kranken Freund besuchte, war der Arzt da (Imperf., wiederholt).

5 c) 1. Er geht vom Forum weg.   5. Die diskutieren über Landhäuser.

2. Er speist mitFreunden.   6. Sie kommen aus den Gärten.

3. Er erzählt über Gefahren (Abenteuer).   7. Sie bitten Ämilius um Geld.

4. Er bedankt sich für die Toga.   8. Ohne Afer reisen sie nach Kampanien.

5 e) *via* und *gratia* sind feminin, *equus* und *campus* maskulin; alle anderen Wörter sind Neutra.

Übungen 6

6 a) libertus Valer**ii**   praesidium d**eorum**   statuae de**arum**   locus for**i**
villam Claudi**ae**   ex hortis vicin**orum**   auxilium de**i**   nuntios amic**i**
tecta templ**orum**   templum Mercur**ii**   turbam incol**arum**   incolas vic**i**

der Freigelassene des Valerius, das Landhaus der Claudia, die Dächer der Tempel;
der Schutz der Götter, aus den Gärten der Nachbarn, der Tempel Merkurs;
die Statuen der Göttinnen, die Hilfe des Gottes, die Menge der Einwohner;
der Platz des Forums, die Boten der Freunde, die Einwohner des Dorfes.

6 b) templa (1./4.Pl), incola (1.Sg), villarum (2.Pl), pericula (1./4.Pl), in horto (6.Sg), pro amicis (6.Pl), filii (2.Sg/1.Pl), negotii (2.Sg), virum (4.Sg), amicas (4.Pl.)

templum, incolae, villae, periculum, in hortis, pro amico, filiorum/filius, negotiorum, viros, amicam

6 c) <u>tecti</u>, <u>horti</u>, amici, <u>bracchii</u>, <u>periculi</u>, poetae, <u>templi</u>, viri, nuntii, equi, <u>negotii</u>, causae, agri

nur bei Neutra ist die Endung –i eindeutig Genetiv Sg.

6 e) poetam Roman**um** ancillarum ali**arum**   incolas mult**os**
gratiam magn**am**   statuae pulch**ae**   agricolae vicin**i**

6 f) 1. Ist Valerius da? Minime, non adest. Ging er nicht auf das Forum? Ita est, in forum discedebat. Erschreckt etwa unseren Freund ein Vorzeichen? Minime, amicum nostrum prodigium non terret.

2. Ist der Nachbar bestrebt, seinen Acker zu verkaufen? Minime, vicinus agrum vendere non studet. Eilt etwa euer Freund nach Kampanien? Minime, amicus ibi non properat.

3. Muss Valerius nicht einen Prozess führen? Ita est, Valerius causam dicere debet.
Schickt er Philippus in sein Landhaus? Ita est, Philippum in villam suam mittit.

4. Gab es in Kampanien nicht viele Landhäuser von Römern? Ita est, in Campania multae Romanorum villae erant. Gab es dort viele Tempel? Ita est, multa templa ibi erant.

6 g) 1. Quis agros **tuos** colit?   Wer bestellt deine Felder?
2. Valerius filiam **suam** diligit.   Valerius liebt seine Tochter.
3. Num Aemilia lupum **suum** timebat?   Fürchtete etwa Ämilia ihren Wolf?
4. Prodigia amicum **meum** terrent.   Vorzeichen erschrecken meinen Freund.
5. Amici de equis **suis** narrabant.   Die Freunde erzählten über ihre Pferde.
6. Quis filium **nostrum** visitare solet?   Wer pflegt unseren Sohn zu besuchen?
7. Quid filii **vestri** agunt?   Was machen eure Söhne?
8. **Cuius** villam Philippus spectat?   Wessen Landhaus schaut Philippus an?

Übungen 7

7 a) 1. magno periculo   viro honesto   epistulae tuae   vicino meo
2. puero laeto   templo pulchro amico aegro   incolae misero

1. der großen Gefahr, dem ehrenhaften Mann, deinem Brief, meinem Nachbar
2. dem frohen Jungen, dem schönen Tempel, dem kranken Freund, dem armen Bewohner

1. magnis periculis   viris honestis   epistulis tuis   vicinis meis
2. pueris laetis   templis pulchris   amicis aegris   incolis miseris

1. den großen Gefahren, den ehrenhaften Männern, deinen Briefen, meinen Nachbarn
2. den frohen Jungen, den schönen Tempeln, den kranken Freunden,
den armen Bewohnern

7 b) vult/non vult, volunt/nolunt, volebant/nolebant, volebat/nolebat
er (sie, es) will/will nicht, sie wollen/wollen nicht, sie wollten/wollten nicht,
er (sie, es) wollte/wollte nicht

7 c) 1. Tertia lupum timet. Vicinus lupo timet.
2. Puella servis timet. Lupus servos timet.
3. Regulus pecuniae vivit: Semper commodo suo studet.
4. Claudia liberis suis vivit. Amicos iuvare studet.

1. Tertia fürchtet den Wolf. Der Nachbar fürchtet für den Wolf.
2. Das Mädchen fürchtet für die Sklaven. Der Wolf fürchtet die Sklaven.
3. Regulus lebt für das Geld: Immer strebt er nach seinem Vorteil.
4. Claudia lebt für ihre Kinder. Sie strebt danach, die Freunde zu unterstützen.

7 d) 1. Dic, ancilla! Mane, Rufe! Scribe, mi fili! Aperi, serve! Intra, Caecili!
Sprich, Sklavin! Bleib, Rufus! Schreib, mein Sohn! Tritt ein, Cäcilius!

2. Tacete, liberi! Vide, mea filia! Venite, Tite et Luci! Curre, Marce!
Seid still, Kinder! Schau, meine Tochter! Kommt, Titus und Lucius! Lauf, Marcus!

3. Iuva, Mercuri deus! Bibe, amicus noster! Intra, patrone!
Hilf, Gott Merkur! Trink, unser Freund! Tritt ein, Patronus!

4. Iam surge, filia mea! Regulo resistite, amici! Pecuniam mihi da, Gai! Diligenter agite, filii mei!
Steh jetzt auf, meine Tochter! Widersetzt euch dem Regulus, Freunde! Gib mir das Geld, Gaius! Handelt umsichtig, meine Söhne!

5. In hortum veni, Claudia! Misero adeste, di boni! Dis gratias age, Alexander!
   Komm in den Garten, Claudia! Steht dem Armen bei, gute Götter! Danke den Göttern, Alexander!

6. Causam dicite, Licini et Valeri! Discede, Flacce! Meum redde, vir perfide!
   Führt einen Prozess, Licinius und Valerius! Geh weg, Flaccus! Gib mir das Meine (mein Eigentum), Betrüger (hinterhältiger Mann)!

7 e) Cornelia nimmt das Abendessen ein, dann ist sie krank. Regulus besucht die Bedauernswerte, weil er nach Geld trachtet. Er fragt Cornelia vieles, dann schweigt er lange. Die Kranke fürchtet um ihr Leben, sie ruft: „Gute Götter, helft! Hört, Sklaven, lauft in die Tempel und betet zu den Göttern! Opfert den Göttern und Göttinnen für eure Herrin!" Die Sklaven und Sklavinnen gehorchen der Herrin, Cornelia aber verzweifelt.
Cornelius Afer wacht bei der Kranken (bewacht die Kranke). Er bittet den Regulus: „Mein Freund, hilf der Cornelia! Bereite ihr Hilfe, gib die Arme dem Leben zurück! Schau, wie sie leidet. Ist Gefahr? Sprich, Regulus!" Regulus antwortet dem Freigelassenen: „So ist es, Cornelius Afer. Hör zu: Deine Patronin ist in großer Gefahr, aber vertraut das Leben der Beklagenswerten der hervorragenden Medizin der Zauberin Colchica an! Gib deinem Regulus Geld, Cornelia! Er will dir eine Medizin beschaffen!"
Cornelia übergibt dem Betrüger Geld, dann verlangt sie ihr Testament, sie wendet dem Regulus ein Vermächtnis zu. Regulus geht fort. Er will nicht helfen und beschafft auch keine Medizin: Er schickt der Kranken statt der Medizin Wasser. Cornelia aber glaubt den Worten des Betrügers: Sie lebt, sie ist gesund. Regulus tobt.

Übungen 8

8 a) 1. Wer von den Freunden ist heute nicht da?
2. Wer von den Jungen fürchtet den Wolf nicht?
3. Wem von den Freigelassenen vertraut Valerius am meisten?
4. Wen von den Kindern greift der Wolf des Nachbarn an?

8 b) 1. Die Dankbarkeit deiner Freunde ist groß.
Deine Freunde helfen dir mit (aus) großer Dankbarkeit.

2. Valerius glaubt den vielen Worten des Regulus nicht.
Regulus bittet Valerius mit vielen Worten um Geld.

3. Philippus gibt seinem Pferd Futter.   Philippus freut sich über sein Pferd.

4. Philippus schreibt viel(es).   Philippus schreibt vielen.

8 c) verbum vestrum, magno periculo, bonis cibis, negotiis tuis, statuae pulchrae, magnis pecuniis

8 d) Immer wenn Rufus über sich erzählt, lachen die übrigen Sklaven. Aber Flava freut sich sehr, wenn sie die Worte des Rufus hört. Sie will immer mit Rufus sein. Immer wenn Rufus anwesend ist, ist sie froh. Sie halten sich für glücklich. Aber eine große Gefahr droht, sobald im Garten die Statue des Vespasian umfällt. Weil die Statue zerbrochen ist, hat Valerius im Sinn, Rufus zu verkaufen. Denn Valerius bringt sich selbst in Gefahr, wenn er den Sklaven verzeiht. Der Herr bereitet Fesseln vor, als der Wolf des Nachbarn im Garten erscheint. Weil der Wolf eine andere Statue umstößt, lässt Valerius Rufus los.

8 e)

1. Flaccus in hortum currit.   Flaccus läuft in den Garten.
   In horto Claudia cum Valerio disputat.   Im Garten diskutiert Claudia mit Valerius.
   Liberi per hortum currunt, ludunt.   Die Kinder laufen durch den Garten, sie spielen.
   Ex horto ad cenam properant.   Sie eilen aus dem Garten zum Abendessen.

2. In tecto corvus sedet.   Auf dem Dach sitzt ein Rabe.
   Sub tecto liberi ludunt.   Die Kinder spielen unter dem Dach = im Haus.
   Sub tectum currunt.   Sie laufen ins Haus.
   De tecto magna tegula cadit.   Vom Dach fällt ein großer Ziegel.

3. Valerius Philippus in villam mittit.   Valerius sendet Philippus in sein Landgut.
   In villa magna turba servorum laborat.   Auf dem Landgut arbeitet eine große Sklavenschar.
   Prope villam multi equi cibum sumunt.   In der Nähe des Landhauses weiden viele Pferde.
   Vilicus Philippum per villam ducit.   Der Verwalter führt Philippus durch das Landhaus.

4. Claudia pro filio aegro deos orat.   Claudia bittet die Götter für den kranken Sohn.
   Valerius amico de filio narrat.   Valerius erzählt dem Freund über seinen Sohn.
   Cum filio Valerius in villam properat.   Mit dem Sohn eilt Valerius auf sein Landgut.
   Sine filio in Campaniam migrat.   Ohne den Sohn reist er nach Kampanien.

8 f) 1. *Caecilius*: "Quis adest? **Vos**ne, Valeri et Licini?" - "**Nos**, amici tui." - "**Ego**, Licinius."
   C. : "Wer ist da? Ihr, Valerius und Licinius?" - "Wir, deine Freunde." - "Ich, Licinius."

2. *Valerius*: "**Nobiscum** in forum veni, amice!" - *Caecilius*: "**Mecum** hic mane, Valeri!"
   V.: "Komm mit uns aufs Forum, Freund!" - C.: "Bleib mit mir hier, Valerius!"

3. *Valerius*: "**Mei** amicique mei memor es, Caecili! Quis negotium nostrum pro **nobis** peragit?"
   V.: "Denk an mich und meinen Freund, Cäcilius! Wer wird unsere Aufgabe für uns erledigen?"

4. *Caecilius*: "Quis **vestrum** prodigium non timet? **Tu**ne Licini? Ecce: Regulus **mecum** manet."
   C. : "Wer von euch fürchtet das Vorzeichen nicht ? Du, Licinius? Schau: Regulus bleibt mit mir hier."

5. *Valerius*: "Quis Regulum amicum suum putat? Amici **tui** memores sunt, Caecili! Sed Regulus semper **sui** memor est, semper **sibi** pecuniam parare studet."
   V.: "Wer hält Regulus für seinen Freund? (Deine) Freunde denken an dich, Cäcilius! Aber Regulus denkt immer an sich, er trachtet immer danach, sich Geld zu erwerben."

6. *Licinius*: "Crede **mihi**, amice: Regulus a **te** pecuniam petebat, sed **te** iuvare nolebat. Pecuniae tuae neque **tibi** studet. Se neque **te** diligit."
   L.: "Glaub mir, Freund: Regulus bat dich um Geld, aber er wollte dir nicht helfen. Er trachtet nach deinem Geld, er ist nicht um dich bemüht. Er liebt sich, aber nicht dich."

7. Denique Caecilius amicis credit. Sed quod **sibi** suisque timet, non discedit, deos orat.
   Schließlich glaubt Cäcilius den Freunden. Aber weil er für sich und die Seinen fürchtet, geht er nicht fort, er betet zu den Göttern.

Übungen 9

9 a)

1. <u>Amicis</u> ampla villa est.	Die Freunde haben ein geräumiges Landhaus.
2. <u>Tibi</u> magnae curae erant.	Du hattest große Sorgen.
3. Cur <u>Regulo</u> amici non sunt?	Warum hat Regulus keine Freunde?
4. Suntne <u>vobis</u> iam liberi?	Habt ihr schon Kinder?
5. <u>Tito</u> pulchri equi sunt.	Titus hat schöne Pferde.
6. <u>Mihi</u> pecunia non erat.	Ich hatte kein Geld.

7. Tibi multi equi sunt.   8. Valerio multi amici sunt.   9. Servis togae non sunt.

9 b)

1. Warum kommt das Getreide nicht in Rom an? Was droht (dem) Valerius?
   Frumentum Romam non pervenit, quod venti adversi sunt.
   Valerio magna invidia populi imminet.

2. Welche Winde fürchtet Valerius? Auf die Hilfe welches Gottes hofft er?
   Valerius ventos adversos timet. Neptuni dei auxilium sperat.

3. Sag, welcher Gott fordert heute ein Opfer? Was für ein Gott ist Neptun?
   Neptunus hodie sacrificium poscit. Neptunus deus iratus est.

4. Welchen Gott bittet Flava um Hilfe? Wie fürchtet sie für den Herrn!
   Flava a deo suo auxilium petit. Maxime domino timet.

5. Welchen Freunden pflegt Valerius viel über seine Angelegenheiten zu erzählen ?
   Caecilio et Licinio Valerius de negotiis multa narrare solet.
   Welchem Freund vertraut er am meisten (sehr)? Aemilio amico maxime confidit.

6. Warum erzählt er Claudia nicht über seine Sorgen? Den Zorn welcher Männer fürchtet er?
   Claudiae de curis suis non narrat, quod feminae negotiorum ignarae sunt et pericula virorum
   nesciunt, ut putat. Iram inimicorum suorum timet.

7. Welchen Brief erwartet Valerius? Welchen Brief übergibt der Sklave dem Valerius?
   Valerius epistula ex Aegypto exspectat. Servus Valerio litteras Chrysippi tradit.

8. Über welche Nachricht freut sich Valerius? Mit wem eilt Valerius nach Ostia?
   Nuntio Chrysippi Valerius gaudet. Cum Philippo Valerius Ostiam properat.

9 c)

1. du strebst, du bist da, ich höre, ihr pflegt, er/sie/es sucht wieder auf, wir geben
   ihr strebt, ihr seid da, wir hören, du pflegst, sie suchen wieder auf, ich gebe
   studetis, adestis, audimus, colis, repetunt, do

2. ich bitte, er/sie/es merkt, wir leugnen, ihr mahnt, wir sind, du weißt
   wir bitten, sie merken, ich leugne, du mahnst, ich bin, ihr wisst
   petimus, sentiunt, nego, mones, sum, scitis

3. wir nehmen, sie treffen, ich sage, ihr seid, übergib!
   ich nehme, ersie/es trifft, wir sagen, du bist, übergebt!
   sumo, ferit, dicimus, es, tradite!

4. sie wollen, ich bin, du willst nicht, du bist, gebt zurück!, gib!
   er/sie/es will, wir sind, ihr wollt nicht, ihr seid, gib zurück!, gebt!
   vult, sumus, non vultis, estis, redde!, date!

9 d) 1. manebas, audiebam, surgimus, vocabatis, petebant, servo, sum, timebat
   2. veniunt, dabam, colo, nolebat, sedemus, eram, nesciebatis, tradebant
   3. prohibebamus, sentis, laedebant, volebas, reatis, apparebam, aperiebas, habet

9 e) 1. venis, sumus, iuvo, adestis, habent, petitis, sentiunt
2. gaudeo, mittis, auditis, metuunt, oras, dicimus, sum
3. servatis, sumo, custodio, non vis, volumus, non vultis, dat

9 f) 1. filiarum, <u>quas</u> diligit   2. pericula, <u>quae</u> times
3. patriam, de <u>qua</u> narrat   4. statuas, <u>quae</u> hic sunt
5. donum, <u>quod</u> mihi negas   6. amicorum, <u>quibus</u> fido
7. culpa, <u>quam</u> negatis   8. Rufum, <u>cui</u> fidis
9. Reguli, <u>quem</u> ridemus   10. nuntius, <u>quo</u> gaudes
11. servos, <u>qui</u> me iuvabant   12. viri, <u>quorum</u> invidiam timeo

der Töchter, die er/sie liebt; Gefahren, die du fürchtest; die Heimat, über die er/sie erzählt; Statuen, die hier sind; ein Geschenk, das du mir verweigerst; der Freunde, denen ich vertraue;
den Rufus, dem du vertraust; die Nachricht, über die du dich freust; Männer, deren Feindschaft ich fürchte.

9 g) 1. Valerio, qui praefectus annonae est, iam diu magnae curae sunt.
Valerius, der Chef der Getreidebehörde ist, hat schon lange große Sorgen.

2. Frumentum, cuius magnam copiam exspectat, e provinciis Romam non pervenit.
Das Getreide, von dem er eine große Menge erwartet, gelangt aus den Provinzen nicht nach Rom.

3. Venti, quorum domini di sunt, adversi sunt. Quae imminet, annonam Valerius prohibere non valet.
Die Winde, deren Herrscher die Götter sind, sind ungünstig. Valerius vermag die Teuerung, die bevorsteht, nicht zu verhindern.

4. Deos, qui ventis imperant, orat; maxime autem a Neptuno auxilium, quod sperat, petit.
Er bittet die Götter, die den Winden befehlen ; besonders aber bittet er Neptun um die Hilfe, die er erhofft.

5. Nam praefecto annonae, qui populo frumentum non dat, magna populi ira impendet.
Denn einem Getreidepräfekten, der dem Volk kein Getreide gibt, droht großer Zorn des Volkes.

6. Cogitat: "Quae bona mihi sunt et ipsi, quos diligo, in periculo sunt."
Er denkt: "Die güter, die ich habe, und diejenigen selbst, die ich liebe, sind in Gefahr."

7. Quem di puniunt, praefectum annonae faciunt .
Wen die Götter strafen, den machen sie zum Getreidepräfekten.

8. Quem inimicorum triumphum Valerius nunc metuit!
Welchen Triumph seiner feinde fürchtet Valerius nun!

9. "De magnis, quae timeo, periculis Claudiae, quam amo, narrare nolo. "
Über die großen Gefahren, die ich fürchte, will ich Claudia, die ich liebe, nicht erzählen.

10. "Liberis quoque meis, quos valde diligo, vitam quietam parare volo!"
Ich will auch meinen Kindern, die ich sehr liebe, ein ruhiges Leben bereiten.

11. Claudia autem curas viri sentit, quibus de curis ipse tacet.
Claudia aber spürt die Sorgen ihres Mannes, über die er selbst schweigt.

12. Dolet, quod vir, cui fida est, de curis suis tacet.
Es schmerzt sie, dass ihr Mann, dem sie treu ist, über seine Sorgen schweigt.

13. Denique nuntius, quo valde gaudent, Valerium Ostiam vocat:
Schließlich ruft der Bote, über den sie sich sehr freuen, Valerius nach Ostia:

14. Ex Aegypto frumenti copia, quam exspectant, Ostiam pervenit.
Die Menge an Getreide, die sie erwarten, gelangt aus Ägypten nach Ostia.

9 h) Regulus selbst besucht, weil er Geschenke erhofft, Cäcilius. Da übergibt der Freigelassene gerade dem Cäcilius den Brief, in dem Regulus viel Geld verlangt. Cäcilius tobt; der Freigelassene und sogar die Sklaven lachen. Regulus duchschaut den Grund nicht; er fragt: "Was gibt es? Warum und auf wen bist du zornig ?" Cäcilius: "Kennst du etwa deinen eigenen Brief nicht?"

Übungen   10

10 a) habebis, servabit, gaudebimus, prohibebunt, dabo, eris, putabit, tacebo, videbitis, visitabis; apparebit, timebunt, orabitis, studebo, tenebunt, iuvabis, dubitabimus, erimus, negabunt, dabit.

10 b) iuvabit, scribit, veniunt, videbimus, tenebitis, sumebamus, vocabo, scibitis, non vis, eratis; er/sie/es wird unterstützen, er/sie/es schreibt, sie kommen, wir werden sehen, ihr werdet halten, wir nahmen, ich werde rufen, ihr schreibt, du willst nicht, ihr wart ;

intrabit, visitabis, prohibet, servitis, servatis, aderimus, negabunt, audiebam, sumimus, servat;
er/sie/es wird eintreten, di wirst besuchen, er/sie/es wird hindern, ihr dient, ihr rettet, wir werden helfen, sie werden leugnen, ich hörte, wir nehmen, er/sie/es rettet ;

servit, sumus, sedebit, agunt, volumus, tenebimus, narrabant, servabunt, mittitis, erunt.
er/sie/es dient, er/sie/es wird sitzen, sie handeln, wir wollen, wir werden halten, sie erzählten, sie werden retten, ihr schickt, sie werden sein.

10 c) 1. Amicus Cornelium iratum monet: „Si servum tuum ea de ara detrahere **parabis** (2.P.Sg.), magno in periculo eris."
Der Freund mahnt den zornigen Cornelius: "Wenn du dich anschickst, deinen Sklaven von diesem Altar wegzuziehen, wirst du in großer Gefahr sein. "

2. Servus cogitat: "Si ii, qui adstant, me **interrogabunt**, non eum, sed Valerium Crispum dominum meum nominabo."
Der Sklave denkt: "Wenn die, welche da stehen, mich fragen, werde ich nicht ihn, sondern Valerius Crispus als meinen Herrn nennen."

3. "Nonne Syracusani, ubi iis de servis ei raptis **narrabo** (1.P.Sg.) mihi aderunt? "
"Werden mir die Syrakusaner nicht helfen, sobald ich über die ihm geraubten Sklaven erzähle? "

4. "Si ii, qui adstant, me adiuvabunt, ego servus Cornelii iam non **ero**" (esse, 1.P.Sg.).
"Wenn die, die da stehen, mir helfen, werde ich nicht mehr der Sklave des Cornelius sein."

10 d) 1. Vettius et amicus <u>eius</u> templum Dianae intrabant, cum turba virum Romanum petit. <u>Is</u> servum suum de ara vocat. Nam servus <u>eius</u> in ara sedet.
Vettius und sein Freund vetrate den Dianatempel, als eine Menge auf einen Römer losgeht.
Dieser ruft seinen Sklaven vom Altar weg. Denn sein Sklave sitzt auf dem Altar.

2. Vir Romanus servo suo dicit: "Veni!" - Vettius servum <u>eius</u> interrogat: "Quid est? "
Der Römer sagt zu seinem Sklaven: "Komm! " – Vettius fragt dessen Sklaven: "Was ist los?"

3. "Dic mihi: Cur <u>ei</u> non obtemperas? Quid tu <u>ea</u> in ara agis?"
"Sag mir: Warum gehorchst du ihm nicht? Was machst du auf diesem Altar?"

4. Nonne servi <u>iis</u> dominis, quos diligunt, libenter obtemperant et <u>eos</u> semper iuvant?
Gehorchen nicht die Sklaven denjenigen Herrn, die sie schätzen, gerne und helfen ihnen immer?
<u>Eos</u> dominos, qui familiam vexant, in periculis deserunt inimicisque <u>eorum</u> tradunt.
Diejenigen Herren, welche ihre Sklavenschar plagen, lassen sie (die Sklaven) in Gefahren im Stich und überlassen sie deren Feinden.

5. Cum Vettius se perditum putabat, servus <u>eum</u> iuvabat.
Amicis suis saepe de <u>iis</u> servis fidis narrat.
Sooft Vettius sich verloren glaubte, half ihm ein Sklave.
Seinen Freunden erzählt er oft über diese treuen Sklaven.

10 e) 1. Caecilius filium <u>suum</u> vocat.   Cäcilius ruft seinen Sohn.
Cornelia filium <u>suum</u> vocat.   Cornelia ruft ihren Sklaven.
Amici liberos <u>suos</u> vocant.   Die Freunde rufen ihre Kinder.
Cornelia liberos <u>eorum</u> laudat.   Cornelia lobt deren Kinder.
Valerius liberos <u>eius</u> laudat.   Valerius lobt ihre Kinder.
Amici liberos <u>eius</u> laudant.   Die Freunde loben seine Kinder.

2. Valerius villam <u>suam</u> vendit.   Valerius verkauft sein Landhaus.
Vettius villam <u>eius</u> intrat.   Vettius betritt dessen Landhaus.
Claudia villam <u>suam</u> intrat.   Claudia betritt ihr Landhaus.
Amici villam <u>eius</u> laudant.   Die Freunde loben deren Landhaus.
Amici villam <u>suam</u> vendunt.   Die Freunde verkaufen ihr Landhaus.
Caecilius villam <u>eorum</u> laudat.   Cäcilius lobt deren Landhaus.
Claudia amicas <u>suas</u> invitat.   Claudia lädt ihre Freundinnen ein.
Liberos quoque <u>earum</u> invitat.   Auch deren Kinder lädt sie ein.

10 e) 1. Te, Philippe, in Africam ad Vettium mitto.
Ich sende dich, Philippus, nach Afrika zu Vettius.
2. Cur me non Lilybaeum aut Syracusas mittis?
Warum schickst du mich nicht nach Lilybaeum oder Syracus?
3. Nonne Vettius nunc in Sicilia apud Timotheum est?
Ist Vettius jetzt nicht in Sizilien bei Timotheus?
4. Vettius non Lilybaei neque Syracusis, sed Uticae erit.
Vettius wird weder in Lilybaeum, noch in Syracus, sondern in Utica sein.

10 h) 1. <u>Ubi statua Vespasiani fracta est</u>, cuncti servi Valerii poenam domini maxime timent.
Sobald die Statue des Vespasian zerbrochen ist, fürchten alle Sklaven des Valerius die Bestrafung durch ihren Herrn sehr.
2. Valerius periculi non ignarus est: Ipsum Vespasianum laedit, <u>qui statuam eius frangit</u>.
Valerius ist sich der Gefahr bewusst : Wer dessen Statue zerbricht, der beleidigt Vespasian selbst.
3. <u>Qui adsunt</u>, ergo tacent, <u>quod magnum domini periculum timent</u>. *„Cum tacent, clamant"*?
Die Anwesenden schweigen also, weil sie eine Gefahr für ihren Herrn fürchten. "Wenn sie schweigen, stimmen sie zu" ?
4. Reguli memores sunt, <u>qui pecuniae cupidus viros bonos accusare, amicos tradere solet</u>.
Sie denken an Regulus, der aus Geldgier gute Männer anzuklagen und Freunde auszuliefern pflegt.
5. Sed Rufus miser, <u>quamquam poenam domini timet</u>, clamat: "Flavam mitte, me verbera!"

Aber der beklagenswerte Rufus ruft, obwohl er die Bestrafung durch den Herrn fürchtet: "Lass Flava gehen, schlag mich!"

6. <u>Quod Flavam</u>, <u>quae linguae Suebae perita est</u>, <u>valde amat</u>, eam servare vult.
Weil er Flava, welche die Suebische Sprache kann, sehr liebt, will er sie retten.

10 h) 1. Nicht wahr, Valerius freut sich über den Sieg über die Barbaren, die wegen ihres Hasses gegen die Römer den Provinzen drohten (Gefahr brachten) ? Was für eine Freude über den Sieg haben die Römer !

2. Rufus aber kam nach dem Sieg der Römer als Kriegsgefangener nach Rom. Nun ist er der Sklave des Valerius, er leidet sehr unter der Sehnsucht nach der Heimat (unter Heimweh).

3. Er will fliehen (sich der Flucht anvertrauen), aber er fürchtet die Bestrafung durch den Herrn: Die Strafe für einen flüchtigen Sklaven wird groß sein.

4. Flavas Sehnsucht nach Rufus ist bekannt. Eine Sklavin, die ihre Sorgen kennt, warnt sie: "Der Zorn des Valerius wird groß sein. "

5. Flava ruft: "Er wird uns trennen, dich schlagen oder…! O Rufus, wie leide ich aus Sehnsucht nach dir!" Wenn du mich liebst, bleib! Schon kannst du die neue Sprache. Verzweifle nicht!"

6. Sie sagt: "Du wirst fröhlich mit miri m Garten arbeiten. Der Herr wird dir, weil Flaccus dir schon gehorcht, die Sorge um ihn anvertrauen. Auch du wirst an deinem Leben Freude haben!"

Übungen 11

11 a) 1. des Ritters (Gen.Sg.), durch Tapferkeit (Abl.Sg.), dem Bruder (Dat.Sg.), die Mühe (Akk.Sg.), der Kaiser (Gen.Pl.), die Vorfahren (Nom./Akk.Pl.), die Gesundheit (Nom.Sg.), durch Lob/Lobesworte (Abl.Pl.)

2. der Frauen (Gen.Pl.), das Bild (Akk.Sg.), die Väter (Nom./Akk.Pl.), den Müttern (Dat.Pl.), der Tapferkeit (Dat.Sg.), die Sitten/der Charakter (Nom./Akk.Pl.), durch ein Gespräch (Abl.Sg.), durch (an) Schönheit (Abl.Sg.)

3. Stimmen (Nom./Akk.Pl.), der Gastfreunde (Gen.Pl.), dem alten Mann (Dat.Sg.), Bäume (Nom./Akk.Pl.), der Schwester (Gen.Sg.), durch Hilfe (Abl.Sg.), den Gruß (Akk.Sg.), die Blume (Nom.Sg.)

4. den Konsul (Akk.Sg.), der Soldat (Nom.Sg.), Menschen (Nom./Akk.Sg.), des Gesetzes (Gen.Sg.), der Nationen (Gen.Pl.), den Stand/die Reihe (Akk.Sg.), dem Volk (Dat.Sg.), im Winter (Abl.Sg.)

11 b) 1. equites Romani/os, virtutem tuam, imperatorum nostrorum, magnam laudem, hieme longa, labore magno, maiores nostros, solis clari, florem pulchrum, fratris mei
römische Ritter, deine Tapferkeit (Akk.Sg.), unserer Kaiser, großes Lob, im langen Winter, durch große Mühe, unsere Vorfahren (Akk. Pl.), der hellen Sonne

2. matris nostrae, mores boni/os, sermone Latino, hospitum novorum,
arbores altae/as, imperatori claro, de uxore tua, hominum ignotorum,
ordinem nostrum, opes magnae/as
unserer Mutter (Gen.Sg.), gute Sitten/guter Charakter, in lateinischer Sprache, neuer Gäste, hohe Bäume, dem berühmten Feldherrn, über deine Frau, unbekannter Menschen, unseren Stand, große Reichtümer

3. ad pedes tuos, fratrem aegrum, imago pulchra, multorum militum,
egregia virtute , magnae laudis, tantae/as civitates, cum patre tuo,
mulieres clarae/as, notam legem.

zu deinen Füßen, den kranken Bruder, ein schönes Bildnis, vieler Soldaten, mit ausgezeichneter Tapferkeit, großen Lobes, so große Städte, mit deinem Vater, berühmte Frauen, das bekannte Gesetz (Akk.Sg.)

11 c) 1. Nonius, ein junger Mann von großer Tapferkeit (Gen. qual., Apposition) befreit den alten Mann aus großer Gefahr (Trennungsabl.).

2. Der junge Mann, der berühmte Vorfahren hat (Herkunftsabl., Apposition), wird bald eine vornehme Frau heiraten müssen.

3. Valerius, ein Mann aus dem höchsten Stand (Gen. qual., Apposition), ist Sohn eines römischen Ritters (Herkunftsabl.). Er hat eine fünfzehnjährige Tochter (Gen. qual.)

4. Wird Nonius Tertia, ein Mädchen mit großen Augen, hervorragender Figur und ausgezeichnetem Charakter (Abl. qual., Apposition) lieben?

11 d)

A)

I.		II.
Akkusativ Sg.	opum, equum, maiorum, libertum,	*Genetiv Pl.*
O-Dekl.	lupum, virtutum, peritum, equitum,	*Kons. Dekl.*
	militum, legum, oculum, consulum,	
	pedum, murum, laborum, inimicum,	
	maiorum, mulierum, virum, morum	

B)

I.		II.
Dativ/Ablativ	equitis, civitatis, amicis,	*Genetiv Sg.*
Plural, O-Dekl.	hiemis, agris, imperatoris	*Kons. Dekl.*

11 e) Romae, Roma, Romam - Ostiae, Ostia, Ostiam - Syracusis, Syracusis, Syracusas in Aegypto, ex Aegypto, in Aegyptum - Veronae, Verona, Veronam - Comi, Como, Comum
Brigetii, Brigetio, Brigetium - Carnunti, Carnunto, Carnuntum -
in Campania, ex Campania, in Campaniam - in Italia, ex Italia, in Italiam

Übungen 12

12 a) sie zeigen, er/sie/es findet, er/sie/es geht fort, du fürchtest, wir verlangen, ich will, wir leben, ihr fühlt, sie kommen zusammen, ich stehe;
du dienst, ihr rettet, ich hebe auf, er/sie/es ist da, du willst nicht, du schickst, du musst, er/sie/es siegt, ich gebe, sie schreiben, sie lachen, du hörst.

ostendent – inveniet – discedet – timebis – poscemus – volam – vivemus – sentietis – convenient – stabo: sie werden zeigen, er/sie/es wird finden ….
servies – servabitis – tollam – aderit – noles – mittes – debebis – vincet – dabo – scibent – redebunt – audies: du wirst dienen, ihr werdet retten, ich werde aufheben ….

12 b) scribit, servit, dicam, veniemus, discedunt, resistet, audiemus, debebit, valeo, nolunt, adero, nolemus
er/sie/es schreibt, er/sie/es dient, cih werde sagen, wir werden kommen, sie gehen fort, er/sie/es wird sich widersetzen, wir werden hören, er/sie/es wird schulden, ich bin gesund, sie wollen nicht, ich werde da sein/helfen, wir werden nicht wollen

14

12 c) scribunt, <u>tenebunt</u>, probat, <u>credam</u>, iubetis, bibitis, <u>eritis</u>, debebam, iacet, tacet, <u>dicet</u>, servis;

<u>servies</u>, servas, <u>volet</u>, <u>trademus</u>, decet, <u>ducet</u>, sentis, <u>dices</u>, rident, respondent, volumus, <u>nolent</u>

sie schreiben, sie werden halten, er/sie/es stimmt zu, ich werde glauben, ihr befehlt, ihr trinkt, ihr werdet sein, ich schuldete, er/sie/es liegt, er/sie/es schweigt, er/sie/es wird sagen, du dienst

12 d) 1. huic/illi/isti homini, hi/illi/isti ordines (Nom.Pl.), hoc/illud/istud atrium, huius/illius/istius arboris, hanc/illam/istam legem, hoc/illo/isto anno

2. his/illis/istis precibus, horum/illorum/istorum maiorum, hac/illa/ista natione, horum/illorum/istorum regum, haec/illa/ista prodigia, hae/illae/istae civitates (Nom.Pl.)

3. hi/illi/isti agri, huic/illi/isti amori, his/illis/istis moribus, haec/illa/ista origo, haec/illa/ista aetas, has/illas/istas curas, hunc/illum/istum socium, harum/illarum/istarum opum

12 e) MARCIUS:	CORNELIUS:
Das ist meine Toga!	Nein, eben das verneine ich!!
Das sind meine Schuhe!	Diese Schuhe sind deine, aber diese Toga ist meine!
Diese Schuhe, diese Toga nenne ich mein Eigen.	Das ist nicht wahr.
Syrus, hilf mir! Dieser fordert meine Toga!	Der da – wer ist das?
Das ist mein Sklave. Fragt diesen, Freunde, dessen Worte hört, ihm glaubt! Er wird euch dasselbe sagen wie ich! Das ist meine Toga!	
	Glaubt ihm nicht! Jener bestätigt dessen Worte, weil er Sklave ist. Glaubt mir! Das ist meine Toga! Ein erfahrener Mann wird ihm nicht glauben.
Du wirst mir meine Toga hergeben! Das ist sicher.	Wo sind meine Sklaven? Die werden dir zeigen...
Willst du etwa mit diesem Sklaven kämpfen?	Sie sind nicht da?! Die, die hier stehen, werden mir helfen.
Diese werden dir nicht glauben, sondern mir helfen.	Mein Eigentum werde ich weder dir noch jenem herausgeben.
Du wirst diese und mich kennenlernen, wenn du nicht sofort diese Toga auslässt.	Deine Worte sind verbrecherisch! Ich sage dir: Gib mir mein Eigentum zurück! Ich werde weder diesen noch dir weichen.
Mit dieser Toga bekleidet wirst du nicht nach Hause gehen!	Etwa nackt? Das glaubst du selber nicht! Spinnst du etwa? Da schau her: Meine Sklaven!

Die Sklaven des Cornelius treten heran. Diese übergeben ihrem Herrn eine Toga, die sie für dessen gestohlene halten. Dieser aber übergibt diese dem Marcius: "Ist diese vielleicht nicht deine?" Marcius ruft: "Diese ist meine!" und die andere lässt er mit folgenden Worten los: "Verzeih mir, Cornelius! Das tut mir leid, dass ich mit so großem Zorn..." Cornelius: "Irren ist menschlich." Sie nehmen ihre Togen. Wer dabei steht, lacht. (Diejenigen, die dabei stehen, lachen.)

Panoramaansicht der Ruinen der Caracalla-Thermen in Rom: Südansicht des Hauptgebäudes.
Quelle: Chris 73, CC BY-SA 3.0 <https://creativecommons.org/licenses/by-sa/3.0>, via Wikimedia Commons

12 f) 1. Dieses schöne Pferd gehört dem Cäcilius.   Gen. des Besitzers
     2. Diese Felder gehören jetzt dem alten Nonius.
     3. Gehören nicht diese Statuen dem Valerius?
     4. Dieser Junge hat ein ausgezeichnetes Pferd.   Dat. des Besitzers
     5. Wem gehören jene großen Gärten?
     6. Diese großen Reichtümer gehören meinem Bruder.
     7. Dieses Landhaus gehörte dem Vespasian.
     8. Diese Städte haben keine Könige.

Übungen 13

13 a) 1. negavi - audivisti - habuistis - nesciverunt - doluit – amavimus
     ich leugnete – du hörtest – ihr hattet – sie wussten nicht – er/sie/es litt – wir liebten

    2. fui - apparuerunt - misistis - laesit - egimus – tradidisti
     ich war – sie erschienen – ihr schicktet – er/sie/es verletzte – wir handelten –
     du übergabst

    3. discessistis - verterunt - pepulisti - dedimus - respondi – fuit
     ihr gingt fort – sie wendeten – du schlugst – wir gaben – ich antwortete – er/sie/es war

13 b) 1. habeo, audit, habitatis, clamant, es, agimus
    2. terremus, mittit, custodit, accedunt, paro, doletis
    3. cedis, vertimus, pellunt, datis, amittit, adsum

13 c) 1. Valerius, postquam Comi iucundas horas peregit, Romam properavit.
     Nachdem Valerius in Comum angenehme Stunden verbracht hatte, eilte er nach Rom.

    2. Ubi Valerius atrium suum intravit, Caecilius eum visitavit.
     Sobald valerius sein Atrium betreten hatte, besuchte ihn Cäcilius.

    3. Caecilius, ubi salutavit, amicum de valetudine fratris eius interrogavit.
     Sobald Cäcilius ihn begrüßt hatte, befragte er den Freund über die Gesundheit von
     dessen Bruder.

    4. Postquam de salute eius audivit, de fato servi narravit.
     Nachdem er über dessen Gesundheit gehört hatte, erzählte er über das Schicksal seines
     Sklaven.

13 d) scelera vetera, itinera longa, villam amplam, generis veteris, poetis egregiis, tempus
     iucundum, viri principes, incolarum pauperum, mulier dives

13 e) 1. Wohnt Licinius, ein Mann von großem Ansehen, auf dem Esquilin oder nicht? Ist er reich oder arm? War nicht sein Name in aller Munde, weil er sic hum das höchste Amt nicht bewerben wollte? Wollte er etwa wegen der Verbrechen Neros nicht Konsul sein?

2. Warum schauten alle den Barbier an (drehten sich alle nach dem Barbier um)? Führte er seine Arbeit auf der Straße durch? Verletzte er etwa einen Menschen? Wem machte er jene Verletzung zum Vorwurf?

3. Was wirst du nun tun? Wen wirst du vor Gericht bringen? Was antworteten die Rechtsgelehrten? Gibt es etwa nicht so viele Meinungen wie Köpfe? Wirst du den Leichnam des Sklaven wie den eines Freigelassenen bestatten?

13 g) 1. Amicis <u>magnae curae est</u>, quod Quintus aeger e provincia cessit.
Die Freunde machten sich große Sorgen, weil Quintus krank aus der Provinz fortging.

2. Ei <u>saluti erit</u> hunc annum Comi in villa maiorum agere.
Es wird für ihn die Rettung (es wird seiner Gesundheit förderlich sein), dieses Jahr in Comum auf dem Landgut seiner Vorfahren zu verbringen.

3. Illa loca videre, ubi puer cum fratre iucundum tempus egit, ei <u>gaudio est</u>.
Es freut ihn, jene Gegend zu sehen, wo er als Knabe mit seinem Bruder eine angenehme Zeit verbrachte.

4. Caecilius fratri suo <u>crimini dedit</u>, quod fatum servi fidi ei non <u>dolori erat</u>.
Cäcilius machte es seinem Bruder zum Vorwurf, dass ihn das Schicksal des tregue Sklaven nicht schmerzte.

Übungen   14

14 a) 1. Claudia ancill**as** su**as** tacere iubet. Claudia befiehlt ihren Sklavinnen zu schweigen.

2. Libert**os** me**os** Romam venire iussi. Ich befahl meinen Freigelassenen nach Rom zu kommen

3. Ruf**um** de Suebis narrare veta! Verbiete Rufus über die Sueben zu erzählen!

4. Cur fili**am** ludis interesse vetuisti? Warum hast du deiner Tochter verboten, an den Spielen teil zu nehmen?

14 b) 1. altiorem, clariorum, longioris, beatiores, fidiori, certior, severioris, doctior, pulchriora, miserius

2. laetioribus, stultiore, maior, plus, minores, plurium, veterior, pauperioris, periculosiorem

14 c) 1. Quis libertus doctior est quam Philippus?
Welcher Freigelassene ist gebildeter als Philippus?
2. Amicus iucundior quam is nobis non est.
Wir haben keinen angenehmeren Freund als ihn.
3. Quis Regulo perfidior est?
Wer ist hinterhältiger als Regulus?
4. Quid periculosius est quam doli eius?
Was ist gefährlicher als seine Listen?
5. Marcum Quinto minorem puto.
Ich halte Markus für oleine als Quintus.
6. Hunc equum pulchriorem quam istum dico.
Ich sage, dieses Pferd ist schöner als das hier (deines hier).

14 d) _Kennzeichne Komparative und Elative, dann übersetze:_

1. Quamquam Stabiis Romam iter <u>longius</u> est, propter nuptias eius Romam veni.
Obwohl der Weg von Stabiä nach Rom ziemlich lang ist, bin ich wegen ihrer Hochzeit nach Rom gekommen.

2. Stabiis Romam properabam, sed propter adversam valetudinem hoc iter <u>longius</u> fuit.
Ich eilte von Stabiä nach Rom. Aber wegen meiner schwachen Gesundheit war die Reise ziemlich lang.

3. Nulli ex amicis <u>plura</u> et <u>pulchriora</u> pocula sunt quam tibi.
Keiner von den Freunden hat mehr und schönere Trinkgefäße als du.

4. Mihi quoque <u>pulchriora</u> pocula sunt, neque tamen tot quot tibi.
Ich habe auch ziemlich schöne Trinkgefäße, aber nciht so viele wie du.

14 e) narravisse, timuisse, scivisse, dedisse, misisse, noluisse, egisse, respondisse, tradidisse, venisse
fuisse, deseruisse, petivisse, intellexisse, sensisse, iussisse, posuisse, quaesivisse, voluisse

14 f) 1. Paenitet nos sero <u>venisse</u> neque victoriam tuam <u>vidisse</u>.

2. Tum Rufum paenituit linguam Latinam <u>nescire</u>.

3. Num illum hos equos <u>emisse</u> paenituit?

4. Longi itineris me paenitet; paenitet me Capuam <u>properavisse</u>.

<u>Infinitiv Perfekt aktiv</u>   <u>Infinitiv Präsens aktiv</u>

1. Es reut uns, dass wir zu spät kamen und deinen Sieg nicht gesehen haben.
2. Da tat es Rufus leid, die lateinische Sprache nicht zu können.
3. Reute es jenen etwa, diese Pferde gekauft zu haben?
4. Der lange Weg reut mich; es tut mir leid, nach Capua geeilt zu sein.

14 g) _Die Pferde des Statilius_

Statilius fragt den Verwalter des Licinius: "Hast du etwa vor Kurzem Pferde gekauft?" Jener antwortet: "Ich kaufte ziemlich schöne Pferde, und sogar um einen geringen Preis." Statilius fordert von ihm: "Die will ich sehen!" Jener verbietet es dem reichen Mann nicht, die Pferde anzusehen. Sobald Statilius die Pferde gesehen hat, rief er sie: Sie gehorchten! Die dabei standen, sahen ein: Diese Pferde gehören dem Statilius. Dieser sagte zornig: "Du Dieb, gib mir mein Eigentum zurück!" Deshalb reute es den Verwalter des Licinius, allzu dumm gewesen zu sein. Sogleich führte er die Pferde zurück, doch er kam zu einem Wirtshaus, wo andere Pferde die Pferde des Statilius unruhig machten. Einige Gefäße wurden zerbrochen, deren Eigentümer mit Licinius über den Schaden prozessieren wird. Der Verwalter fürchtet den Prätor und die Richter sehr. Auf welche Weise wird sich Licinius als Eigentümer verteidigen? Die Rechtsgutachter sind uneinig: Jeder antwortet etwas anderes.

Übungen 15

15 a)

1. In circo <u>magnificos ludos fuisse</u> <u>constat</u>. <u>Me</u> his ludis <u>non interfuisse</u> <u>doleo</u>.
Es steht fest, dass im Zirkus großartige Spiele stattgefunden haben. Es tut mir leid, dass ich bei diesen Spielen nicht dabei war.

2. Tum <u>Victorem</u> ceteros <u>superavisse</u> <u>credidi</u>. Hodie <u>Tuscum</u> sibi victoriam <u>paravisse</u> <u>audivi</u>.
Damals glaubte ich, dass Viktor die übrigen besiegen werde. Heute hörte ich, dass Tuscus den Sieg errungen hat.

3. Hoc quidem anno <u>Valerium</u> multis Tertiae precibus denique <u>cessisse</u> <u>apparet</u>: <u>Scripsit</u> mihi <u>eam</u> iucundas horas in circo <u>egisse</u>.
    Es ist klar, dass Valerius den vielen Bitten Tertias dieses Jahr schließlich nachgegeben hat. Er schrieb mir, dass sie angenehme Stunden im Zirkus verbracht habe.

4. Amicis suis <u>dixit</u> post illos ludos <u>se</u> saluti filiae valde <u>timuisse</u>: <u>Narravit</u> <u>turbam</u> Tertiam a se <u>separavisse</u>, sed <u>Nonium</u> ei auxilio <u>venisse</u>.
    Seinen Freunden sagte er, dass er nach jenen Spielen sehr um das Wohlergehen seiner Tochter gefürchtet hat: Er erzählte, dass die Menge Tertia von ihm getrennt habe, doch Nonius ihr zu Hilfe gekommen sei.

5. Tertia <u>se</u> Tusco <u>favere</u> <u>non negat</u>; <u>hunc</u> summae virtutis <u>esse</u> <u>narrat</u>. <u>Hunc</u> equos diligenter <u>regere</u> <u>dicit</u>; <u>nullum</u> sibi tot victorias <u>paravisse</u> <u>scit</u>.
    Tertia leugnet nicht, dass sie Tuscus favo risiere; sie erzählt, dieser sei von höchster Tapferkeit. Sie sagt, dieser lenke die Pferde umsichtig; sie weiß, dass keiner so viele Siege für sich errungen hat.

6. Ubi Nonium Victori favere <u>videt</u>, <u>istud</u> barbari <u>studium</u> sibi <u>displicere</u> <u>dicit</u>. Nam puella Romana <u>studium</u> illius barbari virum Romanum <u>non decere</u> <u>putat</u>.
    Sobald sie sieht, dass Nonius den Viktor favorisiert, sagt sie, dass dieser Eifer für einen Barbaren ihr nicht gefalle. Denn das römische Mädchen glaubt, dass sich der Eifer für jenen Barbaren für einen Römer nicht gehöre.

7. Nonius, ubi eam id sentire cognovit, se alii factioni favere <u>doluit</u>. Itaque puellae <u>respondit</u> <u>se</u> idem, quod illam, <u>velle</u> et Tusco <u>favere</u>.
    Sobald Nonius erkannte, dass sie das empfindet, tat es ihm leid, dass er einen anderen Rennstall favorisiert. Deshalb antwortete er, dass der dasselbe wolle wie jene und den Tuscus favorisiere.

8. <u>Puellam</u> magnae gratiae sibi valde <u>placere</u> <u>sensit</u>; <u>se</u> illi <u>placuisse</u> <u>intellexit</u>. Post ludos Tertia matri <u>dixit</u> <u>se</u> Nonium <u>Noniumque</u> ipsam <u>amare</u>.
    Er bemerkte, dass ihm das Mädchen von großer Anmutigkeit sehr gefällt; er verstand, dass er jener gefallen habe. Nach den Spielen sagte Tertia ihrer Mutter, dass sie Nonius und dass Nonius sie liebe.

9. Claudia <u>filiam</u> sibi hoc <u>aperuisse</u> <u>gaudet</u>, sed (<u>eam</u>) de Nonio <u>narrare</u> <u>vetat</u>. <u>Dicit</u> <u>se</u> amori filiae <u>favere</u>, cum ea Calpurniam amicam visitare <u>velle</u>.
    Claudia freut sich, dass die Tochter ihr das eröffnet hat, aber sie verbietet ihr, über Nonius zu erzählen. Sie sagt, dass sie die Liebe ihrer Tochter befürworte und sie mit ihr gemeinsam die Freundin Calpurnia besuchen will.

10. Nonius autem patri suo <u>pulchram</u> <u>puellam</u> bonis moribus sibi <u>placuisse</u> <u>narrat</u>. Pater ei respondet <u>se</u> amicos de Valerio et Tertia interrogare <u>velle</u>.
    Nonius aber erzählt seinem Vater, dass ihm das schöne Mädchen mit guten Umgangsformen (Sitten) gefallen hat. Der Vater antwortet ihm, dass er die freunde über Valerius und Tertia ausfragen will.

15 b)

1. Betrug?

Regulus, quod villam veterem vendere voluit, servos de thesauro narrare iussit. Statilius, ubi servos in cella fodere vidit, thesaurum ibi latere credidit. Postquam villam magno pretio emit, nullum thesaurum inesse intellexit. Inde Statilius Regulo sibi dolum malum paravisse crimini dedit. Is crimen negavit Statiliumque in ius vocavit: Illum thesaurum in villa invenisse, sed thesaurum celare dixit.

Weil Regulus das alte Landhaus verkaufen wollte, befahl er den Sklaven über einen Schatz zu erzählen. Sobald Statilius die Sklaven im Keller graben sah, glaubte er, dass dort ein Schatz verborgen sei. Nachdem er das Landgut um einen hohen Preis gekauft hatte, erkannte er, dass dort kein Schatz drinnen war. Daraufhin machte Statilius dem Regulus den Vorwurf, dass er ihm eine böse List bereitet habe. Dieser widersprach dem Vorwurf und klagte den Statilius: Er sagte, jener habe den Schatz im Landhaus gefunden, aber versteckt.

2. Eine Überraschung:

Statilium paenituit se dolum Reguli non sensisse. Villam vendere voluit neque emptorem invenit. Narravit vilicum secum per agros ambulavisse. Se hominem murum horti veteriorem reparare iussisse. Vilicum quidem multa alia neque id egisse. Itaque ipsum se complures lapides tollere voluisse. Sub iis se duo pocula argentea, multos nummos aureos invenisse. Hoc sibi magno gaudio (fuisse), Regulo summo dolori fuisse constat.

Den Statilius reute es, dass er die List des Regulus nicht bemerkt hatte. Er wollte das Landhaus verkaufen und fand keinen Käufer. Er erzählte, dass der Verwalter mit ihm über die Felder spazierte. Er habe dem Menschen befohlen, die ziemlich alte Mauer des Gartens zu reparieren (wieder herzustellen). Der Verwalter habe freilich vieles andere, doch nicht das gemacht. Deshalb habe er selber einige Steine aufheben wollen. Unter ihnen habe er zwei silberne Trinkgefäße und viele Goldmünzen gefunden. Es steht fest, dass das für ihn eine große Freude war, für Regulus ein großer Schmerz.

3. Abgeblitzt:

Regulus, ubi Statilium ea in villa thesaurum invenisse audit, virum in ius vocat. Ipse autem se plus quam decem pocula aurea in cella villae celavisse narrabat. Statilium minus alioque loco invenisse constat. Ergo iudex hunc thesaurum Reguli esse negat. Statilius thesaurum obtinet. Regulus quidem furit.

Sobald Regulus hört, dass Statilius in diesem Landgut einen Schatz gefunden hat, klagt er ihn vor Gericht. Er selber erzählte aber immer wieder, dass er mehr als zehn goldene Trinkgefäße im Keller des Landhauses versteckt habe. Er steht fest, dass Statilius weniger (Gefäße) und an einem anderen Ort gefunden hat. Daher sagt der Richter, dass dieser Schatz nicht dem Regulus gehört. Statilius erhält den Schatz. Regulus aber tobt vor Wut.

Übungen 16

16 a) Ihr wisst, dass Licinius oft und lange in den Thermen ist. Ihm wurde neulich dort die Toga gestohlen. Diese nahm sich ein Sklave, der flüchten wollte. Dieser hielt die Toga, als Licinius die Tat erkannte und mit lauter Stimme schrie: "Gib mir mein Eigentum zurück!" Die dabei standen, wollten jenen zurückhalten, aber vergeblich: Denn jener war schneller. Dennoch erkannte ihn in dem Augenblick, als er aus den Thermen eilte, gerade sein Herr, der die Thermen betrat, und hielt ihn auf. Der sich die Flucht ermöglichen (verschaffen) wollte, entkam nicht.

16 b) placuerant, reddideratis, fueram, liberaverat, cognoveramus, senseras, voluerat, quaesiverant, manseramus, steterat, miserant, ostenderatis, duxeras, cecideram, egerat, fueras, intellexeram, sciveras, tenuerat, fuerat.

Sie hatten gefallen, ihr hattet zurückgegeben, ich war gewesen, er/sie/es hatte befreit, wir hatten erkannt, du hattest bemerkt, er/sie/es hatte gewollt, die hatten gesucht, wir waren geblieben, er/sie/es war gestanden, sie hatten geschickt, ihr hattet gezeigt, du hattest geführt, ich war gefallen, er/sie/es hatte gehandelt, du warst gewesen, ich hatte verstanden, du hattest gewusst, er/sie/es hatte gehalten, er/sie/es war gewesen.

16 c) restiterunt, habuerat, liberant, manseras, deseram, reddidit, duces, senseram, imperas, dederas, cecideras, obtemperatis, ostenderat, speras, fuerant, cognovistis, desideras

sie widersetzten sich, er/sie/es hatte gehabt, sie befreien, du warst geblieben, ich werde im Stich lassen, er/sie/es gab zurück, du wirst führen, ich hatte gefühlt, du befiehlst, du hattest gegeben, du warst gefallen, ihr gehorcht, er/sie/es hatte gezeigt, du hoffst, sie waren gewesen, du hast erkannt, du ersehnst

16 d) in tur**ri** vet**ere**; vim maio**rem**; feb**ri** pei**ore**; anima**lia** periculosi**ora**;
tant**ae** turres; harum vir**ium**; tribus mulie**ribus**; **his** viribus; moen**ia** vetera; virium
mino**rum**; virum melio**rem**; mare alt**ius** (Komparativ); summ**a** vi; viri div**itis**; haec mar**ia**

auf dem hohen Turm; größere Kraft; durch ziemlich schlimmes Fieber; gefährlichere Tiere;
so große Türme; dieser Kräfte; den drei Frauen; mit diesen Worten; alte Mauern;
geringerer Kräfte; einen besseren (ziemlich guten) Mann; das ziemlich tiefe Meer; mit
höchster Kraft; eines reichen Mannes; diese Meere

16 e) Ein reicher Freund des Valerius war, solange er Nero gefürchtet hatte, in Marseille
geblieben. Dieser hatte dem Valerius geschrieben: "Wie sehr fürchte ich den wilden Zorn
Neros!" Denn Nero bereitete denen, die er für reich hielt, Gefahren (er stellte denen, die
er für reich hielt, nach). Die kein Übel gefürchtet hatten, kamen durch List oder Gewalt
um.

Nachdem Vespasian den führenden Platz eingenommen hatte, besuchte jener Freund den
Valerius in Rom. Ihm schenkte er zwei Bücher des Homer, die er in Marseille gekauft
hatte. Valerius dankte ihm für gerade diese Bücher, die er sich lange gewünscht hatte.
Dieses Geschenk hatte er nicht erwartet.

Während Valerius dem Freund auf einem hohen Turm die Häuser (Dächer), die Mauern
und den Fluss Tiber zeigte, glänzte jener Ring, den er in Neapel gekauft hatte, in der
Sonne. Diesen zeigte er dem Freund.

Sobald dieser den Ring (in die Hand) nahm, stolperte er. Aus diesem Grund ließ er den
Ring fallen. Weil es ihm leid tat, dass dieser in den Tiber gefallen war, wollte er vom Turm
hinab springen. Das verhinderte Valerius.

Er hielt den Freund mit höchster Kraft(anstrengung) zurück, führte ihn zu sich nach Hause
und behütete ihn sorgfältig, solange jener an einem schlimmen Fieber litt. Dann fragte
Valerius den Helvidius Priscus um Rat. Diesen Mann schätzt er sehr. Weil Helvidius das
Schicksal des Polykrates erzählt hatte, sah Valerius ein: "Besser ist es geld zu verziere als
einen Freund. Wer einen Freund beleidigt, fügt sich selbst Schaden zu." Aus diesem Grund
forderte er teine Schadenersatz (den Ring nicht zurück).

16 f) 1. Parum mihi **virium** est!   Ich habe zu wenig Kräfte!
2. Quis horum **virorum** Vespasianus est?   Wer von diesen Männern ist Vespasian?
3. **Vires** tuas ostende!   Zeig deine Kräfte!
4. Multos **viros** offendit.   Er beleidigte viele Männer.
5. Summis **viris** resistit.   Mit höchsten Kräften leistet er Widerstand.
6. *Viribus unitis*   Mit vereinten Kräften.

Übungen   17

17 a) probatus, auditus, habitus, mandatus, ductus, prohibitus, positus, separatus, debitus,
negatus, lectus, datus, traditus, amatus, dictus, monitus, notus, petitus, inventus, pulsus,
actus, cogitus, desertus, creditus

17 b) 1. deserti sunt, propositus erat, rogatus sum, petiti estis, damnati erant, adhibitus est
2. notus es, ductus eram, inventi sumus, dati eratis, coacti sunt, acti eramus

17 c) Licinius sagt zu Regulus: "Du hast am 1. Mai das dir geborgte Geld nicht zurückgegeben."
Der so gemahnte Regulus antwortet: "Ich hatte einem verlässlichen Sklaven befohlen, dir
das Geschuldete zu überbringen. Dieser Sklave pflegte meine Aufträge immer
auszuführen, aber, nachdem ich ihn zu dir geschickt hatte, ist er geflohen. Klage mich
wegen dem nicht zurück gegebenem Geld nicht! Denn ich habe folgendes vor: Ich werde

dir einen Acker bei Capua, den mein Vater gekauft hat, übergeben! Den verkaufe zu gegebener Zeit! So wirst du dir das von mir geschuldete Geld verschaffen. Was er mehr wert ist, schenke ich dir gern."

Da ruft Licinius aus: "Glaubst du etwa, dass die von dir erfundene List verborgen bleibt? Ich fordere weder einen erhofften Preis noch einen ziemlich armseligen Acker, sondern das geschuldete Geld!"

17 d) 1. Hodie factio nostra ab alia **superata est.**
Heute wurde unser Rennstall von einem anderen besiegt.

2. Vota nostra a dis non **audita sunt.**
Unsere Gebete curde von den Göttern nicht erhört.

3. Ludi ab ipso Vespasiano **dati sunt.**
Die Spiele wurden von Vaespasian selbst veranstaltet.

4. Ille a multis amicis **monitus erat.** Jener war von vielen Freunden ermahnt worden.

5. Valerio studium filiae **notum erat.** Dem Valerius war der Eifer ser Tochter bekannt.

6. Preces eius ab eo **auditae sunt.** Ihre Bitten curde von ihm erfüllt (erhört).

7. "Quam saepe a te idem **rogati sumus!"**
"Wie oft wurden wir von dir um dasselbe gebeten!"

8. "A nobis bene **custodita es."** "Du wurdest von uns gut behütet."

17 e) 1. Avus meus ab inimicis maiestatis accusatus erat.
2. A Nerone ipso capitis damnatus est.
3. Ab eodem sorores meae in exilium pulsae sunt.
4. Ab amico quodam fratres mei servati sunt.
5. Ab eo miseris auxilium negatum non erat.
6. Valerius ab amicis de periculo suo monitus est.
7. Tamen a Valerio deserta non sum.
8. Haec tibi a me saepe narrata sunt.

17 g) Claudia, quae a Valerio petebatur, connubio, quod pater probaverat, consensit.
Multi amici avum Claudiae, qui maiestatis accusatus erat, deseruerunt.
Ii, qui principis ira terrebantur, tribus eius sororibus, quae in exilium pulsae erant, auxilium negaverunt. Avus, qui capitis damnatus erat, e vita cessit.

Übungen 18

18 a) <u>1.</u>

pretium constans	mulier sapiens	ipsi viro prudenti	pericula similia
servos audaces	talem hospitem	his laboribus facilibus	ferrum acre
villa celebris	turrium veterum	ab homine paupere, sed felice	
sitim acrem	arborum utilium	studium mobile	
unius captivi humilis	hominem audacem		

ein beständiger Preis; eine weise Frau; gerade einem klugen Mann;
ähnliche Gefahren; wagemutige Sklaven; einen solchen Gastfreund;
durch diese leichten Arbeiten; ein scharfes Eisen (Schwert); ein berühmtes Landhaus;
alter Türme; von einem armen, aber glücklichen Menschen; den heftigen Durst;
brauchbarer Bäume; schwankender Eifer; eines einzigen niedrigen Gefangenen;
den kühnen Mann

2.

malam et acrem febrim; studium utile et constans; paucorum hominum prudentium;
omnes mulieres divites;soli fortunae mobili;
templa vetera atque celebria; talis curae minoris; cum viro paupere et forti;
omnis homo acer et prudens

ein böses und heftiges Fieber; ein nützliches und beständiges Studium; weniger kluger
Menschen; alle reichen Frauen; allein dem wankelmütigen Glück;
alte und berühmte Tempel; einer solchen geringeren Sorge; mit dem armen und tapferen
Mann; jeder energische und kluge Mensch

18 b) coactum esse, scribi, videri, positum esse, dedisse, inveniri, monuisse, audivisse, tenere,
liberatum esse, quaeri, ductum esse, petere, novisse

18 c) iutum esse, legere, pulsum esse, posuisse, legi, agere, fregisse, moveri, tangere, datum
esse, aperiri, coactum esse, intellectum esse, pellere, cognitum esse, vinci, esse, positum
esse

18 d)   *Inf. Präs. akt.*   *Inf. Präs. pass.*   *Inf. Perf. akt.*   *Inf. Perf. pass.*:

1. Vettium Uticae apud proconsulem Africae causam Valerii bene <u>egisse</u> constat.
Sceleratos divites ab omnibus <u>iuvari</u> apparuit. Vettius autem tales reos bene <u>defendi</u>
nec actione <u>terreri</u> sciebat. Causam difficilem sibi <u>mandatam esse</u> intellexerat.

   Es steht fest, dass Vettius in Utica vor dem Statthalter von Afrika die Sache des Valerius
gut verhandelt hat. Es zeigte sich, dass die reichen Verbrecher von allen unterstützt
wurden. Vettius aber wusste, dass solche Angeklagte gut verteidigt werden und durch
einen Prozess nicht verängstigt werden. Er hatte begriffen, dass ihm ein schwieriger
Prozess übertragen (anvertraut) worden war.

2. Scripserat Probum fortem et constantem ne tormentis quidem <u>motum esse</u>. Quem
servum omnia reorum scelera <u>aperuisse</u>. Philippum quidem prudentem in causa tam
difficili dolis non <u>vinci</u>. Valerium Philippo et Probo multum <u>debere</u>.

   Er hatte geschrieben, dass der tapfere und standhafte Probus nicht einmal durch
Folterungen umgestimmt wurde. Der kluge Philippus werde freilich in einem so
schwierigen Prozess von den Betrügereien nicht besiegt. Valerius schulde Philippus
und Probus viel.

3. Paulo post Vettius Valerio nuntiat se <u>vicisse</u>, scelera denique <u>puniri</u>. Sceleratos enim
<u>damnatos esse</u>, rapta <u>quaeri</u>. Philippum Romam <u>properare</u>, se propter valetudinem
Probi Uticae <u>manere velle</u>. Neque enim pietatem eius <u>puniri debere</u>.

   Wenig später meldet Vettius dem valerius, dass er gesiegt hat und die Verbrechen
schließlich bestraft werden. Denn die Verbrecher seien verurteilt worden, das Raubgut
werde gesucht. Philippus eile nach Rom, er selber wolle wegen des
Gesundheitszustands des Probus in Utica bleiben. Denn dessen Loyalität dürfe nicht
bestraft werden.

18 e) Valerius sagt zu den Freunden "Es ist so, wie man zu sagen pflegt: Wie der Herr, so der
Sklave. Die Sklaven des Regulus sind so hinterhältig, wie wir ihn selber kennen. Sind sie
nicht hinterhältiger als die Punier? Zu Recht hüten wir uns vor ihnen so, wie wir uns vor
Verbrechern hüten müssen. Zwei von ihnen wollten meinen Rufus zwingen, ihnen Geld zu
geben. Aber der Bedauernswerte hatte nicht so viele Münzen wie jene forderten.
Daraufhin klagten jene den Rufus, wie sie gesagt hatten, bei mir wegen eines großen
Verbrechens an: Sie sagten, er habe viel Geld von meinem Geld genommen für eine
erhoffte Flucht. Weil ich aber erkannte, dass mir so viel Geld gar nicht fehlte,
durchschaute ich die böse List..."

Übungen 19

19 a) 1.

vincit, quaerent, audis, mittes, mittis, defenditis, vocabam, teneo
probamus, scribebant, dat, agimus, prohibetis, ducebas, inveniunt, duco

er/sie/es siegt, sie werden suchen, du hörst, du wirst schicken, du schickst, ihr verteidigt, ich rief, ich halte

vincitur, quaerentur, audiris, mittéris, míttěris, defendimini, vocabar, teneor
probamur, scribebantur, datur, agimur, prohibemini, ducebaris, inveniuntur, ducor

er/sie/es wird besiegt, sie werden gesucht werden, du wirst gehört, du wirst geschickt werden, du wirst geschickt, ihr werdet verteidigt, ich wurde gerufen, ich werde gehalten

2.

liberor, franguntur, deseris, moveris, audimini, laedimur, intellegetur, invenieris, colimini, mandabamus, probamus, dantur, quaeremini, ducebaris, vincitur, auditur

ich werde befreit, sie werden zerbrochen, du lässt im Stich, du wirst bewegt, ihr werdet gehört, wir werden verletzt, er/sie/es wird erkannt werden, du wirst gefunden werden, ihr werdet verehrt, wir vertrauten an, wir bestätigen, sie werden gegeben, ihr werdet gesucht werden, du wurdest geführt, er/sie/es wird besiegt, er/sie/es wird gehört

liberamur, frangitur, deseritis, movemini, audiris, laedor, intellegentur, inveniemini, coleris, mandabam, probo, datur, quaereris, ducebamini, vincuntur, audiuntur

wir werden befreit, er/sie/es wird zerbrochen, ihr lasst im Stich, ihr werdet bewegt, du wirst gehört, ich werde verletzt, sie werden erkannt werden, ihr werdet gefunden werden, du wirst verehrt, ich vertraute an, ich bestätige, er/sie/es wird gegeben, du wirst gesucht werden, ihr wurdet geführt, sie werden besiegt, sie werden gehört

3.

adhiberis, deseris, desereris, impedimur, vocamus, cedes, times, teneberis, petimini, custodieris, negabuntur, cogetur, inveniris, tradet, servantur, scribitis, terreri, mitti

du wirst zugelassen, du lässt im Stich, du wirst im Stich gelassen, wir werden gehindert, wir rufen, du wirst weichen, du fürchtest, du wirst gehalten werden, ihr werdet gebeten, du wirst bewacht werden, sie werden verweigert werden, er/sie/es wird gezwungen werden, du wirst gefunden, er/sie/es wird überliefern, sie werden gerettet, ihr schreibt, erschreckt werden, geschickt werden

4.

Präsens	*Futur*	*Imperfekt*	*Perfekt*
impediris	**impedieris**	**impediebaris**	**impeditus/a es**
premimini	**prememini**	premebamini	**pressi/ae estis**
caeditur	caedetur	**caedebatur**	**caesus/a est**
adhibeor	**adhibebor**	**adhibebar**	**adhibitus/a sum**
tradimur	**trademur**	**tradebamur**	**traditi/ae sumus**
mittěris	**mittéris**	mittebaris	**missus/a es**
audior	audiar	**audiebar**	**auditus/a sum**

19 b) 1. A quo vincéris, o rex? 2. Rei a Nerone capitis damnabuntur.
3. Cur a vobis rideor? 4. A me Stabias mittemini.
5. Valerius dominus a servis colitur. 6. Hac voce terrebamur.

19 c) facilius, maioris, acrior, feliciores, sapientior, fortiorem, peiores, ditior, audaciori, brevior, durius, certioribus, constantioris, meliorum, crudeliora, veterioris, minor, graviorum

19 d) Larcius Macedo sagt: "Wir Herren müssen uns hüten: Wenn die Sklaven nicht bestraft werden, werden wir gewöhnlich von ihnen ausgelacht und verraten. Wenn sie nicht durch eine schwere Strafe abgeschreckt werden, flüchten sie oder denken über ein anderes Verbrechen nach. Sklaven, die nicht unterdrückt werden, bändigt man nicht. Wenn wir baden, wenn wir ruhen, wenn wir krank sind, ist unser Leben den Sklaven anvertraut. Wenn wir nicht gefürchtet werden, auf welche Weise werden wir verteidigt?"

Valerius: "Das erscheint mir allzu hart und nicht menschlich, ja ich halte es sogar für gefährlich. Ich will von meinen Sklaven geehrt und geschätzt werden, nicht gefürchtet. Denn Menschen werden von Hass bewegt, wenn sie gequält, unterdrückt und bestraft werden. Auch Sklaven sind Menschen, (sie sind) niedrige Freunde. Wenn man dich als gerechten Herrn findet (wenn du als gerechter Herr gefunden wirst), wirst du von den Sklaven selbst bewacht, verteidigt und unterstützt werden."

Macedo: "Doch ich werde verlacht werden, wenn ich ein solcher Herr bin. Hüte dich: Jetzt wirst du verehrt oder du scheinst beliebt, bald wirst du im Stich gelassen werden, schließlich getötet. Du und deine Ehefrau, ihr werdet durch die Gewalt der Sklaven umgebracht werden. "

Valerius: "Durch diese schrecklichen Worte werde ich nicht bewegt. Freunde pflegt man zu ehren, Feinde zu töten. Und Liebe wächst nicht gemeinsam mit der Angst auf ein und demselben Baum."

Übungen   20

20 a) tali ave parvo, aedes vetus et magna, montis Albani, paucae noctes, genti magnae, arcem Romanam, pontem altum, hostis novus/novi, nostrarum partium divitum, illum finem toti urbi nostrae, orbi tanto, sors mala, omni colle, hieme aspera, vallis alta/ae

20 b) tyrannus id audiens; amicum me retinentem; homines ad aram accedentes; regi novo id neganti; a vobis dolum sentientibus; pericula nunc imminentia; regis invidiam metuentis; hospiti denique interroganti; nationum alio more viventium; de iuvene nobili amicum defendente

der Tyrann, der das hört; den Freund, der mich zurückhält; die Menschen, die an den Altar herantreten; dem neuen König, der das verweigert; von euch, die ihr die List bemerkt; Gefahren, die nun drohen; des Königs, der eine Anfeindung fürchtet; dem Gast, der schließlich fragt; der Völker, die nach anderer Sitte leben; über den vornehmen jungen Mann, der den Freund verteidigt.

20 c) <u>*Unterstreiche die Participia coniuncta, kennzeichne die* Präsenspartizipien *und übersetze:*</u>

1. Claudia cum Tertia in arcem Romanam ascendens filiae interroganti multa de Iunone genti suae favente narrat. Quam deam diligenter a se <u>cultam</u> semper se adiuvisse, saepe ominibus <u>datis</u> sibi futura indicavisse dicit.

    Claudia steigt mit Tertia zur Burg von Rom hinauf und erzählt ihrer Tochter, die viel fragt, über Juno, die ihre Familie beschützt.

2. Templum intrans Claudia verba matris Iunonem colentis meminit. Illam pro se orantem mente videt et audit.

Als sie den Tempel betritt, erinnert sich Claudia an die Worte ihrer Mutter, die Juno verehrte. Sie sieht und hört im Geist jene, die für sie betete.

3. Ipsi eadem verba repetenti parva avis cantans felix omen dat: Quae in dextra deae sedens cantat vocibus orantium non territa.

Ein kleiner, singender Vogel gibt ihr, als sie dieselben Worte wiederholt, ein glückliches Vorzeichen: Dieser sitzt auf der rechten Hand der Göttin und singt, ohne sich von den Stimmen der Betenden erschrecken zu lassen.

4. Paulo post Claudia et Tertia prope templum in arce stantes totam urbem vident: Forum Romanum in valle patens, Palatium aedibus ornatum, ceteros urbis colles nobiles spectant.

Wenig später stehen Claudia und Tertia in der Nähe des Tempels auf der Burg und überblicken (sehen) die ganze Stadt: Sie betrachten das Forum Romanum, das sich im Tal erstreckt, den Palatin, der von Palästen geschmückt ist und die übrigen berühmten Hügel der Stadt.

20 d) Tertia <u>Tiberim cum Danuvio comparans</u> Nonii memor est, qui ei de legionibus Romanis <u>imperii fines defendentes</u> et de vita, religione, moribus gentium Germanarum <u>non iam victae</u> scripsit:"<u>Illi imperii nostri hostes fines suos minores putantes</u> bello se non abstinent. Quadam nocte Germani <u>legionem Carnuntinam summa vi petentes</u> castra nostra occupare parabant; sed milites mei <u>diligenter custodientes</u> periculum senserunt: Inde cum ceteris <u>signo dato excitatis</u> hostes vicerunt. Multi quidem milites <u>magna virtute pugnantes, telis hostium icti</u> ceciderunt." Tertia <u>vitae Nonii timens</u> orabat: "O di, <u>Germanos a finibus nostris prohibentes</u> Nonium meum servate!" Nunc pro eo <u>servato</u> gratias agit.

Übungen   21

21 a) 1.

bonus-melior-optimus,   prudens-prudentior-prudentissimus,   similis-similior-simillimus, acer-acrior-acerrimus, vetus-veterior-veterrimus, utilis-utilior-utilissimus, multi-plures-plurimi,   dives-di(vi)tior-di(vi)tissimus,   certus-certior-certissimus,   nobiis-nobilior-nobilissimus, parvus-minor-minimus;
pulcher-pulchrior-pulcherrimus, crudelis-crudelior-crudelissimus, malus-peior-pessimus, facilis-facilior-facillimus, magnus-maior-maximus, audax-audacior-audacissimus, nobilis-nobilior-nobilissimus, miser-miserior-miserrimus, humilis-humilior-humillimus, vehemens-vehementior-vehementissimus

2.

iter difficile-difficilius-difficillimum
　　　　ein schwieriger, ein schwierigerer Weg; der schwierigste Weg
bonas artes-meliores -optimas 　　　　gute, bessere, beste Künste
navium celerum-celeriorum-celerrimarum
　　　　der schellen, schnelleren, schnellsten Schiffe
multae arces-plures –plurimae
　　　　viele Burgen, mehr Burgen, die meisten Burgen
signum vetus-veterius-veterrimum
　　　　das alte, ältere, älteste (Feld-)zeichen
dona utilia-utiliora-utilissima
　　　　nützliche, nützlichere Geschenke, die nützlichsten Geschenke

viri nobilis-nobilioris-nobilissimi

eines vornehmen, vornehmeren, sehr vornehmen Mannes

brevi tempore-breviore-brevissimo in kurzer, kürzerer, kürzester Zeit

mulieris divitis-di(vi)tioris-di(vi)tissimae

einer reichen, reicheren, sehr reichen Frau

pulchra avis-pulcherior-pulcherrima

ein schöner, schönerer, sehr schöner Vogel

urbem claram-clariorem-clarissimam

die berühmte, ziemlich berühmte, sehr berühmte Stadt

simile scelus-similius-simillimum

ein ähnliches, zienlich ähnliches, sehr ähnliches Verbrechen

pace certa-certiore-certissima

ein sicherer, ziemlich sicherer, sehr sicherer Friede,

magna vi-maiore-maxima

mit großer, größerer,größter Kraft (Gewalt)

21 b) du bist gegangen, sie waren gegangen, ich bin verloren, sie werden entgegen gehen, ihr seid hinaus gegangen, er/sie/es wird zurückkehren, sie werden zugrunde gehen, ich ging, man ging, herangehen, er/sie/es geht, wir gingen, wir gehen hinaus, er/sie/es kehrte zurück, ich werde herantreten, geh!, entgegen gehend, diejenigen, die zurückkehren, geht hinaus!, ich gehe, ihr geht, du trittst heran, ich ging, sie gehen hinaus

21 c) weil die Götter ihnen wohlgesonnen waren – als der Legat mich fragte – nachdem der Angeklagte zum Tod verurteilt worden war – wie/obwohl diese niemanden fürchteten – als ich jenem zustimmte – nachdem die Gallier schließlich besiegt waren – nachdem dieser aus der Provinz fortgegangen war (nach dessen Abschied von der Provinz) – weil alle durch die Gefahr verängstigt waren – nach Änderung der Friedensbedingung – weil die Menge schrie und (es) forderte –nach der Abfahrt mit einem schnellen Schiff – bei unserer Rückkehr nach Hause – bei gegebener Gelegenheit – am Ende des Winters – der Tochter auf ihre Frage –nach vollzogenem Opfer für die Göttin

21 d) ***Part. coniuncta*** und ***Abl. abs.***; *gleichzeitig* und *vorzeitig*; *Superlative*

1. Romani pugna acerrima victi urbe a Gallis occupata solam arcem defenderunt.
   Nachdem die Römer sie in einer sehr heftigen Schlacht besiegt worden waren, verteidigten sie nach der Besetzung der Stadt durch die Gallier nur noch die Burg.

2. Religione animalia sacra necari vetante Romani fame vexati ab anseribus lunonis sacris se abstinuerunt.
   Weil ihre Religione es ihnen verbot, heilige Tiere zu töten, enthielten sich die Römer, obwohl sie von Hunger geplagt waren, der Gänse, die der Juno heilig waren.

3. Milites arcem defendentes quadam nocte famem vimque belli vix sustinentes Gallis, ut videbatur, quiescentibus non ita vigilaverunt, ut debebant.
   Die Soldaten verteidigten die Burg, und eines Nachts, als sie den Hunger und die Gewalt des Krieges kaum noch aushielten, wachten sie nicht so, wie sie es sollten, weil, wie es schien, die Gallier ruhten.

4. Romanis dormientibus fortissimi Gallorum iuvenes ne canes quidem vigilare scientes collem ascenderunt.
   Während die Römer schliefen stiegen die Tapfersten jungen Männer der Gallier auf den Hügel, da sie wussten, dass nicht einmal Hunde wachten.

5. Anseres quidem Gallis auditis maximum clamorem sustulerunt. Quo M.Manlius excitatus militibus suis convocatis Gallum iam in muro stantem telo icit.
   Die Gänse freilich erhoben, als sie die Gallier gehört hatten, ein sehr lautes Geschnatter.

27

Durch dieses aufgeweckt rief M. Manlius seine Soldaten zusammen und tref mit dem Speer den Gallier, der auf der Mauer stand.

6. <u>Icto</u> in ceteros <u>cadente</u> Gallorum ordines turbati sunt. Quos Romani pro parentibus, uxoribus, liberis summa vi <u>pugnantes</u> pepulerunt.

Weil der Getroffene auf die übrigen stürzte, gerieten die Reihen der Gallier in Verwirrung. Die Römer vertrieben diese, weil sie für ihre Eltern, Frauen und Kinder mit größter Kraftanstrengung kämpften.

7. Sic arx Capitoliumque, vita et libertas Romanorum <u>Iunone monente</u> servata est.

So wurden die Burg und das Kapitol, das Leben und die Freiheit der Römer durch die Warnung der Juno gerettet.

21 e) 1. Quidam amicus noster signa antiqua <u>quaerens</u> <u>pulcherrimas</u> atque <u>ditissimas</u> Asiae urbes <u>obire</u> solet. *(obire=Inf.Präs.akt.)*

Ein Freund von uns suchte alte Statuen und pflegt die schönsten und reichsten Städte Asiens aufzusuchen.

2. <u>Aestate exeunte</u> celerrima nave Ostiam <u>redit</u>, quod hieme <u>redire</u> <u>difficillimum</u> et periculosum est. *(exeunte= Part.Präs., redire=Inf.Präs.akt.)*

Am Ende des Sommers kehrt er mit einem sehr schnellen Schiff nach Ostia zurück, weil es im Winter sehr schwierig und gefährlich ist zurückzukehren.

3. <u>Vere ineunte</u> ille <u>iucundissimum</u> tempus exspectat, quo venti quiescunt, nec antea navem solvit Fortunae <u>confidens</u>. *(ineunte= Part.Präs.)*

Zu Beginn des Frühlings wartet jener auf sehr angenehmse Wetter, bei dem Windstille herrscht, und er fährt nicht früher ab, im Vertrauen auf Fortuna.

4. Olim <u>mari vehementissimis ventis turbato</u> navis eius Romam <u>redeuntis</u> <u>periit</u>, neque tamen ipse mortem <u>obiit</u>. *(redeuntis= Part.Präs., Gen.Sg.; obiit = 3.P.Sg.Perf.akt.)*

Einst ging sein Schiff, als er nach Rom zurückfuhr, zugrunde, weil das Meer durch sehr heftige Stürme aufgewühlt worden war, er selbst starb dennoch nicht.

5. Quem lignum <u>tenentem</u> amicus celeri nave Siciliam <u>adiens</u> ex aquis servavit. *(adiens= Part.Präs., Nom.Sg.)*

Ein Freund, der mit einem schnellen Schiff nach Sizilien fuhr, rettete diesen, der sich an einem Holzstück festhielt, aus den Fluten.

Übungen 22

22 a) casus – casui – casum – casibus – casu – casus – casus -casuum

22 b) <u>animus</u>, <u>usus</u>, <u>lacus</u>; <u>populus</u>, <u>casus</u>, <u>annus</u>; <u>tempus</u>, <u>aditus</u>, <u>impetus</u>; <u>exercitus</u>, <u>genus</u>, <u>servitus</u>, <u>portus</u>, <u>ius</u>, <u>dolus</u>; <u>socius</u>; <u>senatus</u>, <u>currus</u>; <u>corpus</u>, <u>passus</u>, <u>locus</u>; <u>modus</u>; <u>scelus</u>, <u>virtus</u>

<u>O-Dekl.</u> – <u>U-Dekl.</u> – <u>Kons. Dekl. neutrum</u> – <u>Kons. Dekl. fem.</u>

22 c) 1. Quot pass**us** villa vestra a lac**u** Lario abest?

Wie weit (wie viele Schritte) ist euer Landhaus vom Comer See entfernt?

2. Hīc adit**us** huius lac**us** facillimi sunt.

Hier sind die Zugänge zu diesem See sehr leicht.

3. Tibi magno usui erit hoc in lac**u** lavari.

Es wird für dich von großem Nutzen sein, in diesem See zu baden.

4. Illa nocte multa milia pass**uum** iimus.

In jener Nacht gingen wir viele Meilen.

5. Cornu dextrum exerci**tus** nostri magno impe**tu** hostes turbavit.
   Die rechte Flanke unseres Heeres brachte die Feinde durch einen starken Angriff in Verwirrung.

6. Senat**us** post ca**sum** Hierosolymorum imperatori victori triumphum decrevit.
   Der Senat beschloss nach dem Fall von Jerusalem für den siegreichen Feldherrn einen Triumphzug.

7. Magistrat**ibus** Romanis hoc magno gaudio erat.
   Das war für die römischen Beamten eine große Freude.

8. Senat**ui** nostro urbe abesse non licet.
   Unserem Senat ist es nicht erlaubt, von der Stadt abwesend zu sein.

9. Captivi ante cur**rum** Titi ierunt.
   Die Gefangenen gingen vor dem Wagen des Titus.

10. Corn**ua** hostiarum auro fulserunt.   Die Hörner der Opfertiere glänzten von Gold.

22 d) misere, facile, constanter, celeriter; frequenter, bene, vehementer, certe, atrociter, pulchre, acriter, audacter, prudenter, graviter, humiliter, longe, fortiter, clare, sapienter, male, similiter, feliciter

22 e) 1. Equi nostri pulchri et celer**es** sunt. Ecce: Celer**iter** currunt, pulch**e** ornati sunt.
   Unsere Pferde sind schön und schnell. Schau: Sie laufen schnell, sie sind schön geschmückt.

2. Vettius vir bon**us** ac pruden**s** est. Causam Valerii **bene** ac prud**enter** peregit.
   Vettius ist ein tüchtiger und kluger Mann. Die Sache des Valerius führte er gut und klug zu Ende.

3. Hoc signum antiquum Iunonis deae clar**um** et pulch**um** est.
   Avis in dextra deae sedens clar**e** et pulch**re** cantat.
   Diese alte Statue der Göttin Juno ist berühmt und schön.
   Der Vogel,der auf der rechten Hand der Göttin sitzt, singt hell und schön.

4. Num iste homo se Christianum esse negans constan**s** fuit?
   Quidam Christiani tamen imperio legati "Dis sacrificate!" const**anter** restiterunt.
   War etwa dieser Mensch, der leugnete Christ zu sein, standhaft?
   Einige Christen widersetzten sich dennoch standhaft dem Befehl des Statthalters "Opfert den Göttern! "

5. Ille vir ditissimus servos suos crudel**iter** punire solet.
   Omnesne domini tam crudel**es** sunt simil**iter**que agunt?
   Jener sehr reiche Mann pflegt seine Sklaven grausam zu bestrafen.
   Handeln alle Herren so grausam und auf gleiche Weise?

22 f) 1. <u>Illo rege</u> Roma parva erat.
   Unter der Regierung jenes Königs war Rom (noch) klein.

2. <u>Augusto vivo</u> pauci in exilium pulsi sunt.
   Zu Lebzeiten des Augustus wurden (nur) wenige ins Exil geschickt.

3. <u>Matre praesente, sed invita</u> Nero illum virum damnavit.
   In Anwesenheit der Mutter, doch gegen ihren Willen verurteilte Nero jenen Mann.

4. <u>Nerone mortuo</u> trium exercituum duces summum imperium petiverunt.
   Nach dem Tod des Nero strebten die Feldherrn dreier Heere nach der höchsten Machtposition.

5. <u>Vespasiano absente</u> <u>Tito duce</u> Hierosolyma expugnata sunt.
   In Abwesenheit Vespasians wurde Jerusalem unter der Führung des Titus erobert.

6. <u>Vespasiano, Nerva consulibus</u> Titus denique triumphum habuit.
Unter dem Konsulat des Vespasian und des Nerva feierte Titus schließlich einen Triumphzug.

Übungen 23

23 a) casus, impetus, lacus, Idus, ~~domus~~   *Fem.*
manus, virtus, ~~munus~~, servitus   *Neutrum*
porticus, ~~tempus~~, manus, domus   *Kons. Dekl.*
annos, dominos, ~~domos~~, ludos   *U-Dekl., fem.*

23 b) magn**a** in portic**u**; lacum placid**um**; ante Idus Mai**as**; domos alt**as**;
domus divitis et ampl**ae**; magn**o** usui; corn**u** longum; manuum tu**arum**

in der großen Säulenhalle; den ruhigen See; vor den Iden des Mai; hohe Häuser;
eines reichen und geräumigen Hauses; zum großen Nutzen; ein langes Horn; deiner Hände

23 c) domus – domos – domo – domui – domus – domibus – domorum/domuum - domum

23 d) sie können, sie konnten, er/sie/es kann, du konntest, wir hatten gekonnt, ich werde können, er/sie/es konnte, er/sie/es wird können, ihr konntet

23 e) poterit, potuisti, poterunt, poteram, potero, potestis, potuerunt, possum, potuisse, potuerant

23 f) 1. Zu Beginn des Sommers pflegen wir aufs Land zu fahren: Nach den Iden des Juli haben wir in Tusculum oder in Stabiä sehr angenehme Freizeit. Und wir gehen vom Land nicht vor den Kalenden des September weg.

2. Neulich hatte Cäcilius, der auf dem Land Ferien macht, eine große Schar von Freunden eingeladen. Dann er hatte mit eigener Hand einen Eber erlegt. Wir speisten fröhlich, als ein Freund erscheint, verängstigt:

3. "In meinem Haus habe ich ein Gespenst gesehen! Nach diesem Anblick beschloss ich, mein Haus zu verlassen. Ihr wisst, dass Cornelia mir das Haus hinterlassen hat. Sie befahl mir, dieses Haus auf folgende Weise zu schmücken: Sie befahl, den Trojanischen Krieg, die nach Hause aufbrechenden Griechen und die berühmten Taten des Äneas zu malen. Aber von Schulden schwer belastet werde ich ihrem Wunsch nicht folgen können."

4. "In der darauf folgenden Nacht hörte ich die schweren Schritte eines gefangenen, der sich langsam annäherte. Dann sah ich den Schatten der gefesselten Cornelia: Schweigend rief sie mich durch Zeichen der Hände in die Säulenhalle. Ich fragte: 'Wer hat dich gefesselt? Was willst du?' Doch sie antwortete nicht, sondern verschwand, als sie mir einen bestimmten Platz der Säulenhalle zeigte. Welcher Gefahr bin ich entgangen! Ich werde sterben, wenn ich mein Haus nicht verlasse!"

5. "Dem sehr verängstigten Freund, der nicht nach Hause zurückkehren wollte, riet ich: 'Wir werden einen mutigeren Entschluss fassen. Denn die Tapferen unterstützt Fortuna.' Wenig später fand jener in der Säulenhalle seines Hauses eine große Menge Gold."

6. "Daraufhin ließ er malen, was Cornelia gewollt hatte. An dem Ort aber, an dem der Schatten verschwunden war, fanden wir die Gebeine einer gefesselten Frau. An den mit Gold verbundenen Zähnen erkannten wir Cornelia. Nach ihrer ordnungsgemäßen Bestattung war das Haus frei von Gespenstern."

Übungen 24

24 a) certius-certissime; pulchrius-pulcherrime; gravius-gravissime; facilius-facillime; acrius-acerrime; plus-plurime; saepius-saepissime; melius-optime; peius-pessime; sapientius-sapientissime

24 b) 1. Viel mehr interessierten Tertia die wunderschön geschmückten Pferde als die führenden Männer des Staates.

2. Das Mädchen, das gleich neben Nonius saß, favorisierte nicht denselben Wagenlenker wie jener.

3. Nonius betrachtete weniger die Pferde als das Mädchen.

4. Einen Menschen, der die anstieß, fuhr er sehr heftig an.

5. Plötzlich geschah ein großes Unglück: Weil einer an den anderen zu nahe heran kam, brachen die sehr schnell fahrenden Wagen auseinander.

6. Tertia, heftig bewegt, rief aus: "Schau! Er handelt sehr schlecht! Die stürzen schwer! Sie werden sehr grausam umkommen!"

7. Die aber entgingen sehr glücklich der höchsten Gefahr und wurden nicht allzu schwer verletzt.

8. Jener, den Tertia favorisiert hatte, siegte sehr leicht; seine Pferde liefen schneller als alle.

9. Als die Menge schrie und ziemlich heftig drängte, verteidigte Nonius meine Tertia sehr mutig.

10. Er wird um das Mädchen, das er sehr liebt, werben, wenn er aus Carnuntum zurückkehrt.

24 c) caperis, capiet, capi, capiunt, capiebant, cape!, capieris, capior, capiens, cepit, capite!
du wirst gefangen, er/sie/es wird fangen, gefangen werden, sie fangen, sie fingen, fang!, du wirst gefangen werden, ich werde gefangen, fingendo, er/sie/es fing, fangt!

24 d) *Der König der Frösche* (*Adverbien* und Formen der *Mischkonjugation*)

1. *Caecilius:* "Pessima humani generis vitia avaritiam, luxuriam, superbiam puto. Quae ubi populum invadunt, <u>celeriter</u> perdunt. Discordia enim et dominatio his artibus <u>maxime</u> aluntur. <u>Vehementius</u> quidem <u>crudeliusque</u> homines atque civitates superbia vexantur. Quae <u>altius</u> sublatos <u>crudelissime</u> perdere solet."

Cäcilius: "Ich halte die Habsucht, die Verschwendungssucht und den Hochmut für die schlechtesten Laster des Menschengeschlechts. Sobald diese ein Volk befallen, verderben sie es schnell. Denn Zwietracht und Herrschsucht werden durch diese am meisten genährt. Allzu heftig und allzu grausam werden die Menschen und Staatsgemeinschaften vom Hochmut geplagt. Dieser pflegt diejenigen, die zu überheblich werden (sich zu hoch überheben) sehr grausam zu verderben."

2. *Valerius:* "<u>Recte</u> dicis, mi amice. <u>Pulcherrime</u> apud Aesopum legimus: Ranae liberae ac quietae in palude sua <u>optime</u> vixerunt. Libertate in licentiam conversa <u>vehementissime</u> ab ipso Iove regem petiverunt. Ligno in paludem iacto <u>celerrime</u> <u>fugerunt</u>. Audacissima autem ceteras <u>fugientes</u> <u>maxime</u> risit:

Valerius: "Du hast Recht, mein Freund. Sehr schön lesen wir bei Äsop: Die Frösche lebten frei und ruhig bestens in ihrem Sumpf. Nachdem sich die Freiheit in Zügellosigkeit verwandelt hatte, verlangten sie von Jupiter sehr heftig einen König. Nachdem ein Holzstamm ins Wasser geworfen worden war, flüchteten sie sehr schnell. Der Frechste (Frosch) aber verlachte die Flüchtenden sehr:

3. 'Quid agitis? Regem <u>melius</u> <u>inspici</u> opus est. Ego timore <u>minime</u> <u>afficior</u>. Quod consilium cepi, <u>constanter</u> <u>perficiam</u>!' Ceteris <u>saepissime</u> timide monentibus: '<u>Fuge</u>! Superbia <u>afficeris</u>. <u>Certe</u> <u>capiéris</u>, <u>crudelissime</u> <u>interficiéris</u>!' regi <u>propius</u> accessit.

'Was macht ihr? Es ist nötig, sich den König besser anzuschauen. Ich werde keineswegs von Angst erfüllt. Den Entschluss, den ich fasste, werde ich beharrlich ausführen!' Obwohl die übrigen ihn sehr oft ängstlich mahnten: 'Flüchte! Du wirst von Hochmut erfüllt. Sicherlich wirst du gefangen und sehr grausam getötet!', kam er dem König noch näher.

4. <u>Audacter</u> trunco <u>insiluit</u> ceteras <u>acerrime</u> <u>corripiens</u>: 'Nolite <u>decipi</u>! Nolite timore <u>affici</u>! Nolite huic regi inutili <u>humillime</u> servire!' Inde ceterae ex fuga redeunt, <u>proxime</u> accedunt, regem <u>optime</u> <u>inspiciunt</u>: Non <u>capiuntur</u> neque <u>interficiuntur</u>.
Verwegen sprang er auf den Baumstamm und tadelte die übrigen heftig: 'Lasst euch nicht täuschen! Lasst euch nicht von Angst erfüllen! Dient nicht demütigst diesem nutzlosen König!' Da kehrten die übrigen von ihrer Flucht zurück, kamen sehr nahe heran und schauten sich den König sehr gut an: Sie wurden nicht gefangen und nicht getötet.

5. Tandem <u>similiter</u> atque illa in trunco sedentes superbia <u>affecti</u> <u>audacius</u> canunt: 'Iuppiter, fac, quod oramus! Novum regem petimus!' Regem <u>acerrime</u> <u>corripiunt</u>.
Schließlich saßen sie gleich wie jener auf dem Baumstamm und quakten, von Hochmut erfüllt, allzu frech: 'Jupiter, mach, worum wir bitten! Wir verlangen einen neuen König!' Sie schimpften sehr heftig auf den König.

6. Talibus precibus auditis Iuppiter iratus hydrum in paludem misit, quae vento <u>celerius</u> <u>facillime</u>que ranas <u>cepit</u>, <u>rapuit</u>, <u>interfecit</u>. Sic <u>pessime</u> interierunt."
Als Jupiter solche Bitten gehört hatte, warf er zornig eine Wasserschlange in den Sumpf, welche die Frösche schneller als der Wind und sehr leicht einfing, sie packte und tötete. So gingen sie sehr elend zugrunde."

Übungen 25

25 a) rem – rei – res – re – rerum – rebus – rei – res – res/rei – res – res - rei

25 b)

rei public**ae**	spes me**a/ae**	magn**a** fide
pulchr**o** die	hac re	magnam spem
res secund**ae/as** re**bus** adversis		rerum publi**carum**
per mult**os** dies	ante h**unc** merid**iem**	his re**bus**

des Staates/dem Staat, meine Hoffnung(en), mit großem Vertrauen,
an einem schönen Tag, durch diese Sache (dadurch), eine große Hoffnung,
das Glück, durch Unglück, der Staaten,
viele Tage hindurch, an diesem Vormittag, durch diese Dinge (dadurch)

25 c) 1. Vor einigen Tagen ereignete sich eine Sache, die einen Brief wert ist: Denn an den Nonen des Juli verstarb Larcius Macedo kläglich.

2. Dieser soll von seinen eigenen Sklaven getötet worden sein. Aber es steht fest, dass sein Vater ein Sklave Neros war.

3. Macedo selbst soll sein Vermögen auf alle Arten vergrößert und Staatsämter bekleidet haben.

4. Schien ihm das nicht ausreichend? Jener, so glaubte man, strebte als Sohn eines Freigelassenen nach dem höchsten Amt.

25 d) Macedo soll ein überheblicher und aufbrausender Herr gewesen sein. Man glaubt, dass er einige Sklaven zum Tod verurteilt hat. Jene aber, sagt man, seien von einem Gastfreund von ihm gerettet worden. Dieser, sagt man, habe die Beklagenswerten gekauft. Denn sie schienen ihm brauchbar und treu. Jener Gastfreund soll Macedo gewarnt haben: "Deine Sklaven scheinen sehr oft und allzu sehr geschlagen zu werden. Von Tag zu Tag sollen sie grausamer in Schranken gehalten werden. Dennoch werden sie nur mit Mühe in Schranken gehalten. Einer von den Sklaven wurde, wie man glaubt, den Muränen vorgeworfen. Man sagt, du hättest deinen Sklaven jede Hoffnung genommen. Deshalb scheinst du mir in großer Gefahr zu sein. Werden nicht Sklaven, wenn ihnen jede Hoffnung genommen wurde, sich bemühen, ihren Herrn zu töten? Deren Gewalt scheint durch nichts ausreichend abgewehrt zu werden. "

25 e) Stoici nihil timent, nihil nimium desiderant. Quia soli virtuti student, nullius rei cupidi sunt, nulli rei, neque divitiis neque gloriae, serviunt. In re**bus** secundis atque adversis aequam mentem servare dicuntur.

Die Stoiker fürchten nichts, sie wünschen nichts allzu sehr. Weil sie allein nach der Tugend streben, begehren sie keine Sache, sie dienen keiner Sache, weder Reichtum noch Ruhm. Im Glück und auch im Unglück sollen sie ruhigen Sinn (Gleichmut) bewahren.

Übungen 26

26 a) hortabitur, hortantur, hortamini!, hortari, hortati sunt, hortamini, hortanti, hortabor, hortatus sum, hortabatur, hortare!

loquetur, loquuntur, loquimini!, loqui, locuti sunt, loquimini, loquenti, loquar, locutus sum, loquebatur, loquere!

26 b) ermuntere!, ihr sprecht, aufbrechen, er glaubte, sie gestehen,
einer, der erfahren hat; er/sie/es scheint;
du erleidest, sie werden gekauft, sie versprechen, sie beschenken, du sprichst, brich auf!, glauben;
einer, der aufgebrochen ist; er/sie/es wird erfahren, ich werde sprechen, er/sie/es wird ergriffen, erleiden, wir ermunterten, gestehe!

26 c) A. proficisci - ~~audi~~ - loqui - mitti - pati - experiri – ~~gessi~~ – *Kein Infinitiv*

B. loquere - ~~exercere~~ - proficiscere - pátere –pollicere - *Kein Imperativ*

C. ratus - fassus - locutus - ~~solutus~~ - ~~affectus~~ – profectus - *Kein Deponens*

26 d) 1. Valerius wird den Freigelassenen 300 Denare zum Geschenk geben, wenn sie seine Sache gut erledigt haben. Wenn die Sache aber schlecht erledigt worden ist, werden sie nichts erhalten. Daher werden sie die Sache bestens erledigen, weil sie sich das Geld erwerben wollen. Wird Valerius das, was verloren gegangen ist, zurückfordern, falls vielleicht einer von ihnen die Sache schlecht erledigt hat?

2. Valerius sagt: "Ich sende euch nach Brindisi, aber wartet, bis ich diese Rechnung fertiggestellt habe! Denn dieses Geld, das ich euch anvertraue, werdet ihr für verschiedene Schmuckstücke ausgeben, wenn ihr in Brindisi angekommen seid. Mit den Kleidern und den Schmuckstücken, die von euch gekauft worden sind, wird Tertia am festgesetzten Hochzeitstag geschmückt werden. Sogar mehr werde ich hinzufügen, wenn es Tertia wünscht."

26 e) sie waren geführt worden, ich habe erprobt, wir setzten fest, sie machten,
er wurde geschickt, er/sie/es sagte, ich lief, ich war eingeladen worden,
du bist gegangen, sie curde besiegt, er/sie/es spricht, du hast verändert,
du wurdest geraubt, ich war gegangen, sie ermuntern, ihr seid aufgebrochen,
du gestehst, er glaubte.

ducti erunt, expertus ero, constituerimus, fecerint, missus erit, dixerit, cucurrero, invitatus ero, ieris, victi erunt, locutus erit, mutaveris, rapta eris, iero, hortati/ae erunt, profecti/ae eritis, fassus/a eris, ratus erit

26 f) 3.P.Pl.pass.Plqupf, Imp.Sg, 3.P.Sg.akt.Futur II, 3.P.Pl.akt.Futur, 1.P.Sg.pass.Futur II,
2.P.Sg.akt.Präs, 2.P.Sg.akt.Präs, 2.P.Pl.akt.Perf, 2.P.Pl.pass.Futur II, 1.P.Sg.akt.Futur II,
2.P.Pl.akt.Futur II, 1.P.Sg.akt.Futur, 3.P.Pl.akt.Futur II, 3.P.Pl.akt.Perf, 1.P.Pl.akt.Präs./Perf,
1.P.Pl.akt.Futur II, 2.P.Sg.akt.Impf, PPA, 3.P.Sg.akt.Plqupf, 3.P.Pl.pass.Perf,
3.P.Pl.pass.Futur II, 3.P.Pl.pass.Futur, 3.P.Pl.Plqupf.(Deponens)

sie waren getäuscht worden, sprich!, -, sie werden fehlen, -, du irrst, du lässt im Stich, ihr
habt kennen gelernt (kennt), -, -, -, ich werde können, -, sie waren, wir verteil(t)en, -, du
warst, einer, der gestanden hat, er/sie/es hatte erhalten, sie wurden geraubt, -, sie
werden geführt werden, sie hatten erlitten

26 g) 1. Im Jahr von der Stadtgründung an 654 wurde Julius Cäsar geboren.   DCLIV
2. Im Jahr von der Stadtgründung an 758 starb Augustus.   DCCLVIII
3. Im Jahr 146 v. Chr. wurde Karthago von den Römern erobert.   CXLVI
4. Im Jahr 1492 n. Chr. lernte man die Neue Welt (den neuen Teil der Welt) kennen.
      MCDXCII

Übungen 27

27 a) capi, cepi, cape!, cáperis, capiet, ceperunt, capiebat, capieris, capimus, capiam, capiunt,
capiebatis, capimini, capietur

27 b) in tali cive, talem civem, tali civi, tales cives, talium civium, tales cives, de talibus civibus,
talis civis
in illo munere, illus munus, illi muneri, illa munera, illorum munerum, illa munera, de illis
muneribus, illius muneris

27 c) diligenter, constantes, magni, certus, acriter, bona, parvi, atrocem, valde, digno, magni,
honesti, multum, bonis, pulchris, utili, facile, malus

27 f) <u>GS</u>, <u>AcI</u>, <u>NcI</u>, <u>P.C.</u> und <u>Abl.abs.</u>

Nuper a quodam homine novo ad cenam <u>vocatus</u> aliquid novi <u>exspectans</u> domum eius
adii. Nam <u>ille vir ditissimus</u> hospitibus optimos cibos, egregia vina, multas res
pulcherrimas <u>largiri dicebatur</u>. Tamen a multis non <u>diligi videbatur</u>. Quis hospitum
nobilium <u>eum servivisse</u> nesciebat? Ipse enim <u>se labore ac ingenio suo opes non
mediocres sibi paravisse</u> iactaverat. <u>Fortunam quidem neque mores eius mutatos esse</u>
omnibus, <u>qui apud eum cenaverunt</u>, constat.

Neulich wurde ich von einem Neureichen zum Abendessen eingeladen; irgendetwas
Neues erwartend ging ich zu ihm nach Hause. Denn jener sehr reiche Mann, so sagte man,
tische seinen Gästen die besten Speisen, erlesene Weine und viele wunderschöne Dinge
auf. Dennoch schien er von vielen nicht geschätzt zu werden. Wer von seinen vornehmen
Gästen wusste nicht, dass er (früher) Sklave gewesen ist? Denn er selbst prahlte, dass er
sich durch Mühe und durch sein Genie nicht geringe Reichtümer erworben habe. Für alle,
die bei ihm speisten, steht freilich fest, dass er seine Lebensumstände (sein Schicksal),
aber nicht seinen Charakter (seine Sitten) geändert hat.

<u>Amicis praesentibus</u>, <u>adstantibus servis</u> uxorem vehementius reprehendit. Quam modestis
verbis se <u>defendentem</u> loqui vetuit. Tum versus alienos ut suos <u>recitans</u> praesentes
hospites graviter offendit: <u>Quos</u> non amicitiam suam, sed nihil nisi cenam <u>quaesivisse</u>
dixit. <u>Amicitiam autem durare</u>, <u>cenam</u> <u>forma valde mutata</u> celerrime e corpore <u>abire</u>
affirmavit. Hospitibus quidem <u>talia verba</u>, <u>etsi vera sunt</u>, viro libero <u>indigna esse
videbantur</u>. <u>Dum recitat</u>, omnes ira <u>commoti</u> tacuerunt. <u>Postquam finem fecit</u>, tamen
nemo non plausit.

In Anwesenheit der Freunde und während die Sklaven dabei standen, tadelte er seine Gattin ziemlich heftig. Als sie sich mit bescheidenen Worten verteidigte, verbot er ihr zu sprechen. Danach trug er fremde Verse als seine eigenen vor und beleidigte die anwesenden Gäste schwer: Er sagte, diese hätten nicht seine Freundschaft, sondern nichts außer das Abendessen gesucht. Aber die Freundschaft dauere fort, behauptete er, das Essen verlasse den Körper wieder sehr schnell unter sehr veränderter Gestalt. Den Gästen erschienen solche Worte, wenn sie auch wahr sind, eines freien Mannes unwürdig. Während er sprach, schwiegen alle, von Zorn bewegt. Nachdem er geendet hatte, applaudierten trotzdem alle.

Plurimi servi eidem diviti sunt, <u>quibus pro nominibus numeros dedit</u>. Qui <u>cum non diligenter atque constanter laborant</u>, verberibus afficiuntur gravibus. Nonne memor est illius temporis misere <u>peracti, quo ipse servus fuit</u>? Num gaudet <u>servos in sua potestate esse et a se vexari</u>? At <u>hospites</u> vino <u>victos</u> <u>non excitari</u>, sed domos <u>portari</u> iubet. <u>Quod pollicitus erit</u>, id diligentissime vel faciet vel dabit <u>dicens</u>: "Viri boni est debitum solvere. Amici est amicis beneficia dare."

Eben dieser Reiche hat sehr viele Sklaven, denen er statt Namen Nummern gab. Sooft diese nicht sorgfältig und beständig arbeiten, werden sie mit heftigen Schlägen bestraft. Denkt er nicht an jene elend verbrachte Zeit, in der er selbst Sklave war? Freut er sich etwa, dass nun Sklaven in seiner Gewalt sind und von ihm gequält werden? Doch die vom Wein bezwungenen Gäste lässt er nicht wecken, sondern nach Hause tragen. Was er versprochen hat, das wird er sehr genau tun oder geben, und er sagt: "Es ist Zeichen eines tüchtigen Mannes, die Schulden zu zahlen. Es ist Zeichen eines Freundes, den Freunden Gutes zu tun (geben)."

Invidia ipse non afficitur plurimos viros opibus, neque tamen honoribus <u>superans</u>. Hospites autem nobiles, <u>quibus opes minores sunt quam illi</u>, invidia rumpuntur. Tamen <u>abeuntes</u> magnifice <u>donati</u> dona a liberto accipere turpe non putant. Hic illis, <u>quamquam mores eius rident</u>, quasi amicis largiri non cessat.

Von Neid wird er selbst nicht erfüllt, er übertrifft die meisten Männer an Reichtümern, dennoch nicht an Ehrungen. Aber die vornehmen Gäste, die weniger Reichtum besitzen als er, zerplatzen vor Neid. Dennoch halten sie es, wenn sie fortgehen und reich beschenkt wurden, nicht für eine Schande, Geschenke von einem Freigelassenen anzunehmen. Dieser hört nicht auf, jene, obwohl sie über seine Sitten (sein Benehmen/seinen Charakter) lachen, gleichsam als Freunde zu beschenken.

Herr Neureich ist sehr überheblich und herrschsüchtig, sogar gegenüber seiner Frau. Seine Sklaven behandelt er mit Willkür und Brutalität. Er genießt es, bei seinen Einladungen das Zentrum der Aufmerksamkeit zu sein, sei es auch wegen seines kuriosen Benehmens oder indem er sich mit „fremden Federn schmückt". Er lässt sich gern von seinen Gästen, die weit vornehmer sind als er, wegen seines Reichtums bewundern, ja er genießt es, sie sogar beleidigen zu dürfen und zu sehen, dass sie ihren Groll vor ihm verbergen. Er weiß, dass ihn die meisten als Freigelassenen verachten; gerade deshalb macht es ihm Spaß, diese Leute reichlich zu beschenken und zu sehen, dass sie seine Geschenke annehmen, da sich keiner traut sie abzulehnen und ihn als Gastgeber zu beleidigen. Deshalb braucht er auch auf keinen neidisch zu sein; er ist doch reicher als die meisten, und auf deren hohes Ansehen gibt er nichts.

Übungen 28

28 a) iuraturus, habiturus, facturus, additurus, venturus, afuturus, sumpturus, locuturus, petiturus, positurus, accepturus, secturus;
victurus, scripturus, prohibiturus, iacturus, interiturus, missurus, defensurus, casurus, moriturus, futurus.

28 b) 1. Ille civis Ephesius illustrissimus Christianus esse putatur.
   Jener sehr angesehene Bürger aus Ephesus wird für einen Christen gehalten.
   Ille civis Ephesius illustrissimus Christianus fuisse putatur.
   Man glaubt, dass jener sehr angesehene Bürger aus Ephesus Christ gewesen ist.

   2. Omnia deorum simulacra domus suae vendidisse videtur.
   Er scheint alle Götterbildnisse seines Hauses verkauft zu haben.
   Omnia deorum simulacra domus suae vendere videtur
   Er scheint alle Götterbildnisse seines Hauses zu verkaufen.

   3. Itaque maiestatis reus Romam iturus esse dicitur.
   Man sagt, dass erdeshalb als der Majestätsbeleidigung Angeklagter nach Rom gehen wird.
   Itaque maiestatis reus Romam isse dicitur.
   Er soll deshalb als der Majestätsbeleidigung Angeklagter nach Rom gegangen sein.

   4. Ipse se magno in discrimine fore dicit.
   Er sagt selbst, er werde in großer Gefahr sein.
   Ipse se magno in discrimine fuisse dicit.
   Er sagt selbst, er sei in großer Gefahr gewesen.

28 c) Der Tag des Zornes, jener Tag, wird die Zeit in Asche auflösen…
Welch ein Zittern wird es geben, wenn der Richter kommt (kommen wird) !
Der Tod wird vor Staunen starr sein und die Natur, wenn die Schöpfung auferstehen wird, um dem Richtenden zu antworten…
Wenn also der Richter (auf dem Thron) sitzt, wird alles, was verborgen ist, sich zeigen, nichts wird unbestraft bleiben.Was werde ich Elender dann sagen, welchen Schutzherren werde ich anrufen?

28 d) discessurus eram - carituros esse - periturum esse - soluturus sum - redditurus - decepturus

Ich wollte aufs Land gehen, als ein Freund eintraf, der mir geholfen hatte, als ich ins Exil vertrieben worden war. Dieser sagte, er und die Seinen würden wegen eines schiere Schicksalsschlages fast aller Dinge entbehren. Er erzählte, dass sein Haus durch einen Brand und sein Landgut durch ein Erdbeben zerstört worden sei und dass er vernichtet werden würde. Dann versicherte er, dass ihm, seiner frau und seinen Kindern nichts außer dem Leben übrig sei. "Das Geld", sagte er, "das mir von dir geborgt wurde, werde ich dir zurückzahlen, sobald ich kann; am festgesetzten Termin werde ich es nicht zahlen können." Ich werde freilich dem Freund die großen Freundschaftsdienste, die ich (von ihm) zu Lebzeiten Neros erhalten hatte, erwidern (zurückgeben) und ihm 100 000 Sesterzen zum Geschenk geben. Ein solcher Freund, der niemals die Treue brechen wird, wird nicht leicht gefunden. Dieser ist eines so großen Geschenkes würdig. Denn *solange du glücklich bist, wirst du viele Freunde zählen; wenn die Zeiten finster geworden sind, wirst du allein sein.'*

Übungen 29

29 a) er/sie/es wird tragen, weggetragen werden, du erträgst, du lässt dich hinreißen, er hatte Geld gesammelt, schiebt die Sache auf, du wirst getragen werden, du hast getragen, ich werde tragen, es wurde getragen/man trug, du trägst weg, danken; einen, der zufügt; sie trugen weg; einer, der tragen wird; trage zusammen/vergleiche!

29 b)

~~perfers~~, conferris, effereris, ferebaris	*einzige akt. Form*
feret, auferunt, differam, ~~conferentur~~	*einzige pass. Form*
conferentes, perferentis, inferenti, ~~refertis~~	*kein Partizip*
~~tulistis~~, sustulit, contulerunt, abstuli	*kein Kompositum*
~~ferit~~, effers, conferte, differtis	*ferit < ferio 4*
feriunt, ~~ferent~~, feriebant, ferite	*einzige Form von ferre*

29 c) _Gerundien_ und _Formen von ferre_

Rhodus insula iam proxima erat, cum praedones Gaium ceperunt. Qui captivos non dimittere solent, antequam postulatam pecuniam acceperunt. Gaius noster non prius dimittetur, quam pecunia soluta erit. Neque tamen tantam pecuniam <u>conferemus</u>, nisi amici nos iuvabunt. Valerius rem ad senatum non <u>referet</u>, antequam filium redemerit. Negato enim pretio praedones captivos suos crudeliter torquere <u>feruntur</u>. Quid facient, si illis bellum <u>inferetur</u>, priusquam Gaium dimiserint? Certe cura filii prior, desiderium flagitia <u>puniendi</u> posterius est. Auxilium <u>petendi</u> causa Valerius Caecilium, tum ceteros amicos adiit. Quibus filio redempto servatoque certe magnam gratiam <u>referet</u>.

Die Insel Rhodos war schon sehr nahe, als Seeräuber Gaius gefangen nahmen. Diese pflegen die Gefangenen nicht freizulassen, bevor sie das geforderte Lösegeld erhalten haben. Unser Gaius wird nicht früher frei gelassen werden, als (bis) das Geld gezahlt ist. Aber wir werden eine so große Geldsumme nicht sammeln, wenn uns die Freunde nicht unterstützen. Valerius wird die Sache nicht vor den Senat bringen, bevor er seinen Sohn nicht losgekauft hat. Denn wenn der Preis verweigert wird, sollen die Seeräuber ihre Gefangenen grausam foltern. Was werden sie tun, wenn ihnen Krieg bereitet wird, bevor sie Gaius frei gelassen haben? Sicherlich ist die Sorge um den Sohn die erste, der Wunsch, die Untaten zu bestrafen, die spätere Sorge. Valerius sucht Cäcilius auf, um ihn um Hilfe zu bitten, dann die übrigen Freunde. Ihnen wird er, nachdem er seinen Sohn frei gekauft und gerettet hat, sicherlich sehr danken.

29 d) *Gaius:* Ich fiel in die Hände dieser Seeräuber, während ich mich, um zu studieren, von Athen nach Rhodos begab.
Senex: Mich nahmen sie gefangen, als ich von Naxos nach Hause zurückfuhr; weder schonen sie die Jugend, noch die Würde, sagt man.
Gaius: Durch Fordern eines sehr hohen Lösegeldes nahmen sie vielen alle Güter weg, einigen fügten sie Folterungen zu.
Senex: Neulich soll ein vornehmer Grieche grausam getötet worden sein, weil das Lösegeld zu spät zusammenkam.
Gaius: Du berichtest, was berichtet wurde; das Gerücht wächst im Gehen. Vergleiche uns mit jenem Griechen! Denn es steht fest, dass unsere Lage sich von seiner sehr unterscheidet. Die Verletzung eines römischen Bürgers (Ein verletzter römischer Bürger) ist für den Senat ein Grund, Krieg zu beginnen.
Senex: Ich muss, obwohl ich römischer Bürger bin, alle Übel ertragen. Wer wird einem Menschen aus dem gewöhnlichen Volk, dessen Sohn im Krieg umkam, Hilfe bringen? Welche Hoffnung auf Flucht hat schließlich ein alter Mann?

Gaius: Ich bin zur Flucht bereit, aber ich sehe ein: Wir werden mehr ausrichten, indem wir alles mit Gleichmut ertragen, als durch Wut. Wir müssen klug und tapfer zu handeln. Aber es gibt keinen Grund zu verzweifeln, weil mein Vater das Lösegeld zusammenbringen wird.

Senex: Wenn es gesammelt ist, wirst du gerettet werden, mir wird die Hoffnung auf Rettung genommen werden: Nach deiner Rettung und nach Übertragung der Sache an den Senat wird es nötig sein, gegen die Seeräuber Krieg zu beginnen. Nach Kriegsbeginn werden sie mich kreuzigen, wenn ich mich nicht zuvor selbst töte.

Gaius: Wohin versteigst du dich? Wenn ich befreit bin, werde ich dich nicht im Stich lassen: Auch für dich gibt es Hoffnung auf Rückkehr nach Hause.

Übungen 30

30 a) sciant, tradat, sedeant, utatur, hortemur, faciatis, reddam, sis, detur, eant - sciverint, tradiderit, sederint, usus sit, hortati simus, feceritis, reddiderim, fueris, datum sit, ierint

30 b) vivat (3.P.Sg.akt.Konj.Präs.), vocentur (3.P.Pl.pass.Konj.Präs.), misereatur(3.P.Sg.Konj.Präs., Deponens), possitis (2.P.Pl.akt.Konj.Präs.), eamus(1.P.Pl.akt.Konj.Präs.), sit (3.P.Sg.akt.Konj.Präs.), transierim (1.P.Sg.akt.Konj.Perf.), oppresserint (3.P.Pl.akt.Konj.Perf.) , coerciti sint (3.P.Pl.pass.Konj.Perf.), fuerint (3.P.Pl.akt.Konj.Perf.), detis (2.P.Pl.akt.Konj.Präs.), utamini (2.P.Pl.Konj.Präs., Deponens), eas (2.P.Sg.akt.Konj.Präs.)

30 c)　1. Modestus cliens tantis curis afficitur, <u>ut</u> a Valerio auxilium <u>petat</u>. (Folge)

　　　2. Nam vulneribus nuper acceptis sic laborat, <u>ut</u> iens servo <u>nitatur</u>. (Folge)

　　　3. Vulnera talia sunt, <u>ut</u> tumultui interfuisse <u>credatur</u>. (Folge)

　　　4. Sed Modestus arenam vitat, <u>ut</u> Christiani <u>solent</u>. (Vergleich)

　　　5. Sequitur, <u>ut</u> quidam eum Christianum esse <u>arbitrentur</u> neque ei auxilium <u>ferant</u>. (Folge)

　　　6. Christiani enim se a ludis abstinent, <u>ut</u> inimici generis humani <u>videantur</u>. (Folge)

　　　7. Modestus autem, <u>ut</u> <u>accepimus</u>, e taberna ardente fugiens vulneratus est. (Vergleich)

　　　1. Der Klient Modestus wird von so großen Sorgen erfüllt, dass er Valerius um Hilfe bittet.
　　　2. Denn an den neulich erlittenen Wunden leidet er so, dass er sich beim Gehen auf einen Sklaven stützt.
　　　3. Solche Wunden sind es, dass man glaubt, er sei in einen Aufruhr verwickelt gewesen
　　　4. Aber Modestus meidet die Arena, wie es Christen (zu tun) pflegen.
　　　5. Daraus folgt, dass einige ihn für einen Christen halten und ihm nicht helfen.
　　　6. Denn die Christen halten sich von den Zirkusspielen fern, sodass sie als Feinde des Menschengeschlechts angesehen werden.
　　　7. Modestus aber wurde, wie wir hörten, bei der Flucht aus einem brennenden Wirtshaus verletzt.

30 d)　1. Quintus Valerius, <u>cum</u> e provincia <u>cessisset</u>, Comum migravit.

　　　2. Ibi remanet, <u>cum</u> frater eum Romam migrare <u>cupiat</u>.

　　　3. Nam <u>cum</u> in Gallia, Africa, Raetia febribus <u>vexatus sit</u>, valetudini consulit.

　　　4. <u>Cum</u> aestatem Romae <u>egit</u>, febribus crescentibus summum in discrimen vocatus est.

　　　5. Hiemem in Raetia agebat, <u>cum</u> gravi morbo <u>affectus est</u>.

　　　6. Medicus, <u>cum</u> eum provinciā cedere <u>iussit</u>, vitam eius servavit.

　　　7. Quintus, <u>cum</u> frater Romae honores <u>petat</u>, Comi otio fruitur.

1. Quintus Valerius reiste nach Comum, nachdem er aus der Provinz fortgegangen war.
2. Dort bleibt er, obwohl sein Bruder wünscht, dass er nach Rom reise.
3. Denn weil er in Gallien, in Afrika und in Rätien von Fieberanfällen geplagt worden ist, sorgt er sich um seine Gesundheit.
4. Sooft er den Sommer in Rom verbrachte, geriet er durch wachsende Fieberanfälle in höchste (Lebens-)Gefahr.
5. Den Winter verbrachte er in Rätien, als er von einer schiere Krankheit befallen wurde.
6. Der Arzt rettete sein Leben, indem er ihm befahl, die Provinz zu verlassen.
7. Quintus genießt in Comum freie Zeit, während sich sein Bruder in Rom um Ämter bewirbt.

30 e) 1. Modestus omine de periculo monitus domo egredi non vult.
Modestus, <u>cum</u> omine de periculo <u>monitus sit</u>, domo egredi non vult.
Modestus will nicht aus dem Haus gehen, weil er durch ein Vorzeichen vor einer Gefahr gewarnt worden ist.

2. Illud omen veritus tamen propinquum quendam in urbem sequitur.
<u>Cum</u> illud omen <u>vereatur</u>, tamen….
Obwohl er jenes Omen fürchtet, folgt er doch einem Verwandten in die Stadt.

3. Tabernam quandam intrans magnum felem sedentem non cernit, pedem offendit.
<u>Cum</u> tabernam quandam <u>intret</u>, ….
Als er eine Taverne betritt, bemerkt er die große Katze nicht, die dort sitzt, und stolpert.

4. Lapsus tanto pedis dolore afficitur, ut nec stare nec ire possit.
<u>Cum lapsus sit</u>, tanto pedis dolore….
Nachdem er gestürzt ist, spürt er einen so großen Schmerz im Fuß, dass er weder stehen noch gehen kann.

5. Felis fugiens pocula vini plena vertit.
Felis, <u>cum fugiat</u>, pocula vini plena vertit.
Die Katze stößt, als sie flüchtet, die mit Wein gefüllten Becher um.

6. Quibusdam id ulcisci studentibus lignum conicitur.
<u>Cum quidam id ulcisci studeant</u>, lignum conicitur.
Weil einige das bestrafen wollen, wird ein Holzscheit geworfen.

7. Quo amphora olei plena feritur animali celerius fugiente.
Quo….feritur, <u>cum animal celerius fugiat</u>.
Dadurch wird eine Amphore, die mit Öl gefüllt ist, getroffen, während die Katze noch schneller flüchtet.

8. Ligno ardente ex igne rapto oleum inflammatur.
<u>Cum</u> lignum ardens ex igne <u>raptum sit,</u> oleum inflammatur.
Weil ein brennendes Holzscheit aus dem Feuer gerissen wurde, wird das Öl entflammt.

9. Servo quodam aquam fundente oleum vel ignis spargitur.
<u>Cum</u> servus quidam aquam <u>fundat</u>, oleum ….
Weil ein Sklave Wasser ausschüttet, spritzt das Öl oder besser das Feuer umher.

10. Flammis sparsis (et) magno incendio orto omnes fugiunt.
<u>Cum</u> flammae <u>sparsae sint</u> et magnum incendium <u>ortum sit</u>, omnes fugiunt.
Nachdem sich die Flammen ausgebreitet haben und ein großer Brand entstanden ist, flüchten alle.

30 f) Einst sah sich ein römischer Ritter im Traum in der Arena sterben. Diesen soll seine Ehefrau gemahnt haben: "Meide also die Arena, damit du ein langes Leben hast!" Am nächsten Tag aber war er, weil er von Freunden eingeladen worden war, bei sehr schönen Zirkusspielen dabei. Nachdem er einen sehr tapferen Gladiator erblickt hatte, erschrak er so sehr, dass er von seinem Platz fortging. Aber er flüchtete vergebens vor dem ihm drohenden Schicksal, er verzögerte seinen Tod nicht: Von Furcht bewegt will er aus der Arena gehen, weil er (im Traum) gesehen hat, dass er gerade von jenem Menschen getötet wird. Aber durch Zufall geschah es, dass jener Gladiator, als er einen anderen angriff, ungewollt den forteilenden Bürger tötete. Dieser wird vom Wurfspieß, der zufällig allzu hoch geworfen worden ist, getroffen und bricht sofort zusammen. Die Zuschauer schreien; die Freunde eilen zu Hilfe; der Unglückliche aber, schwer getroffen, stirbt.

Übungen 31

31 a) faceres, essem, videremini, capereris, sequerentur, narrarem, audiretis, dicerent, auferret, spargeretur; velles, audireris, ulciscerer, curreres, irent, essemus, fieret, ageremur, largireretur, cogerer;
fecisses, fuissem, visi essetis, captus esses, secuti essent, narravissem, audivissetis, dixissent, abstulisset, sparsum esset; voluisses, auditus esses, ultus essem, cucurrisses, issent, fuissemus, factum esset, acti essemus, largitum esset, coactus essem

31 b) properent/ sperent/ ~~mitterent~~/ liberent/ imperent/ superent *Konj. Imperf.*
horret/ caret/ ~~daret~~/ terret/ ~~ferret~~/ haeret *Konj. statt Ind.*
geres/ feres/ ~~diceres~~/ curres/ ~~ageres~~/ quaeres *Konj. statt Futur*
oreretur/ niteretur/ fateretur/ ~~veretur~~/ sequeretur/ ageretur *Indikativ*

31 c) 1. **conversa esset - institueretur - coercerent - servarent -essent - constaret - accepisset - vocaretur - inferrent - aggrederentur**

Nachdem sich die Königsherrschaft in Hochmut verwandelt hatte, wurden die Könige aus der Familie der Tarquinier unter der Führung des Brutus aus Rom vertrieben. Als die Republik eingerichtet wurde, wurde die oberste Macht zwei Konsuln anvertraut, die auf ein Jahr gewählt worden waren. Damals wollten unsere Vorfahren, dass die Verfassung des römischen Staates aus den drei Arten der Staatsformen gemischt sei, damit die menschlichen Fehler umso leichter in Schranken gehalten würden und sie die Einigkeit der (sozialen) Stände bewahrten. Obwohl dann die Befehlsgewalt der Beamten einer königlichen Machtbefugnis ähnlich waren und die Autorität des Senats sich auf die Entscheidung der vornehmsten Bürger gründete, gebrauchte das Volk, indem es die Beamten wählte und Gesetze erließ, seine Freiheit. Aber nachdem der Staat ins Unheil geraten war, sodass er in die größte Gefahr geriet, wurde ein Bürger von höchster Tüchtigkeit zum Diktator ernannt. Denn manchmal geschah es, dass Nachbarn unter Vertragsbruch gegen unsere Vorfahren Krieg begannen und sogar die Stadt Rom angriffen, nachdem sie das Umland von Rom verwüstet hatten.

2. **pervenisset - defenderent - expugnaret - relinqueretur - subvenirent -vulneratus esset - manumitterentur - possit**
Nachdem Hannibal in die Gallia Cisalpina gelangt war, vernichtete er einige unserer Truppen, die geschickt worden waren, um Italien zu verteidigen, durch Gewalt und List. Damals bestritt keiner, dass Hannibal ohne irgendeine Verzögerung nach Rom gehen würde, um gerade die Hauptstadt des römischen Imperiums zu erobern. Aber Hannibal griff damals Rom nicht an, sondern verwüstete Italien, damit den Römern keine Hoffnung bleibe und die Bundesgenossen der Stadt nicht zu Hilfe kämen. Nachdem den Römern

eine neuerliche Niederlage zugefügt worden war und weil der eine Konsul getötet, der andere verwundet worden war, wurde in Rom auf Grund der Autorität des Senates Fabius Maximus zum Diktator ernannt. Dieser befahl, einige Sklaven freizulassen, damit er umso mehr Soldaten verwenden könnte, aber er begann keinen Kampf mit Hannibal. Denn er wusste: "Wenn wir irgendeine Niederlage einstecken, wird daraus folgen, dass die Stadt, Hannibal übergeben wird, weil ein neues römisches Heer nicht mehr rekrutiert (gesammelt) werden kann."

3. **vicissent - deleta esset - potiretur - premeret - vindicarent - expugnavisset -vicisset - dictus esset - regnaret - orerentur - finivisset**
Nachdem die Römer die Punier besiegt hatten und Karthago selbst zerstört worden war, wurde Rom die Herrin des ganzen Erdkreises. Aber die Furcht vor Karthago hatte gemahnt, dass keiner in Rom sich der Herrschaft bemächtige und weder der Adel das Volk noch das Volk den Adel unterdrücke. Nachdem diese Furcht beseitigt war und die Optimaten und Popularen den ganzen Staat für sich beanspruchten, ging gemeinsam mit der Einigkeit der Stände die Freiheit zugrunde. Cäsar wünschte, nachdem er das jenseitige Gallien erobert hatte, dass er sich in Abwesenheit um den Konsulat bewerben konnte. Da ihm das verweigert worden war, betrat er mit seinem Heer Italien. Nachdem er im Bürgerkrieg gesiegt hatte und zum Diktator ernannt worden war, befahl er, die Besiegten zu schonen und niemanden hinzurichten. Dennoch wurde er selbst, weil es schien, er gebe sich Mühe, die Königsherrschaft zu gewinnen, im Senat ermordet, damit keiner in Rom als König regiere. Daraus folgte, dass neue Bürgerkriege ausbrachen. Nachdem Augustus diese beendet hatte, stellte er den Staat/die Republik wieder her.

31 c) 1. Der Sklave Dorus weckt Gaius, seinen Herrn, als die Seeräuber sich dem Schiff nähern.

2. Er behauptet, es gebe keine Hilfe, während Gaius glaubt, dass das Schiff verteidigt werden könnte.

3. Dorus hatte, obwohl er als Kind von Seeräubern gefangen genommen worden war, an diese Sache keine Erinnerung.

4. Mit der Gefahr kommt die Erinnerung wieder und er fürchtet für seinen Herrn und für sich, weil er genau weiß:

5. Die Seeräuber töten, sooft sie ein Schiff kapern, gewöhnlich diejenigen, die Widerstand leisten.

6. Dorus hatte damals, als er seinen ermordeten Vater gesehen hatte, das Bewusstsein verloren.

7. Als sein Bewusstsein wiedergekommen war, war der Knabe, von Schmerz und Schrecken bezwungen, stumm.

8. Nachdem der Beklagenswerte schließlich nach Rom verschleppt worden war, erblickte Claudia den unglücklichen Sklaven.

9. Jene, von Mitleid bewegt, kaufte ihn, weil er Gaius sehr ähnlich war.

10. Dann, als er den Hund Flaccus sah, kehrte dem Knaben die Sprache, aber nicht die Erinnerung zurück.

Übungen 32

32 a) **te** laborem suscipere iussit; **me** amissa reperire iuvit; id **ei** persuadebo; res **mihi** deficit; **nobis** invident; **iis** favisti; **me** fugit; **nobis** studebant; **ei** nupsit; **eam** intrare vetuit; **vobis** temperatum est; **nos** secutus es

er/sie befahl dir, die Arbeit aufzunehmen; er/sie half mir, das Verlorene wieder zu finden; ich werde ihn/sei davon überzeugen; die Sache fehlt mir; sie beneiden uns: du hast sie gefördert; er/sie flieht vor mir; sie bemühten sich um uns (ergriffen Partei für uns); sie heiratete ihn; er/sie verbot ihr einzutreten; ihr wurdet geschont; du bist uns gefolgt

32 b) 1. Valerius rief seinen Freigelassenen Philippus. Er verbot seinen Sklaven, das Tablinium zu betreten. Dem Freigelassenen wurde von seinem Patron befohlen, einen Brief zu schreiben. Heute fragt ihn Valerius über die Rettung des Gaius um Rat. Philippus half Valerius schon oft mit einem Rat. Daher wird Philippus von seinem Patron als treuer Freund bezeichnet.

Philippus libertus a Valerio vocatus est. Servi vetiti sunt tablinium intrare. Patronus libertum litteras scribere iubet. Hodie is a Valerio de salute Gaii consulitur. Valerius iam saepe a Philippo consilio iutus est. Inde patronus Philippum amicum fidum dicit.

2. Tertia überredete ihre Brüder: Tuscus wird die übrigen besiegen. Schon oft curde die übrigen von jenem besiegt. Denn vom waghalsigen Tuscus werden die Pferde nicht geschont. Viele beneiden seine Tapferkeit und seinen Reichtum. Deshalb favorisieren diese den Britannen Victor.

Fratribus a Tertia persuasum est: Ceteri a Tusco vincentur. Iam saepe ille ceteros vicit. Nam Tuscus audax equis non parcet. A multis virtuti et divitiis eius invidetur. Qua re Victor Britannus ab his favetur.

32 c) Von vielen wird der reiche Cornelius Calvus beneidet. In Ephesus wurde er von seinen Feinden der Majestätsbeleidigung angeklagt. Von niemandem wurde dem Ärmsten geholfen. Mit Geld bestochene Zeugen sagten gegen ihn aus. Wegen Majestätsbeleidigung Angeklagte werden von den Stadtbeamten nicht geschont. Deshalb wurde Calvus vom Statthalter der Provinz Asien zum Tod verurteilt. Denn auf keine Weise konnte Calvus den Statthalter überzeugen, dass jene Zeugen logen. Aber den Statthaltern ist es durch das Gesetz verboten, einen römischen Bürger hinrichten zu lassen. Also schickte der Statthalter Cornelius Calvus nach Rom, als dieser mit lauter Stimme rief: "Ich bin römischer Bürger; mein Urgroßvater wurde von Cornelius Scipio mit dem Bürgerrecht beschenkt!" In Rom aber wurde Calvus vor dem kaiserlichen Gericht von der Anklage freigesprochen.

32 d) du sollst sagen/er (sie) soll sagen; ihr sollt ertragen; sie sollen gehen; er/sie soll treffen; wendet!, er (sie) soll begünstigen/du sollst begünstigen; sie sollen werfen;

du sollst sein/ er (sie) soll sein; komm!; er (sie) soll gehen/ du sollst gehen

überredet!; missachte!; ihr sollt bergen; bereitet!; du sollst gehorchen/ er (sie) soll gehorchen; erscheint!; sie sollen sein; sie sollen geben; du sollst lesen/ er (sie) soll lesen; du sollst hören/ er (sie) soll hören

Übungen 33

33 a)

1. *Iis fugiendum non est.*
2. *Hoc perferendum est.*
3. *Vobis cedendum est.*
4. *Servandi (ae) estis.*
5. *Demonstrandum erat.*
6. *Non est credendum.*
7. *Desperandum non est.*
8. *Vobis clamandum non est.*

33 b) *Folgende Formen sind Gerundive:*

mittendis, legendam, impellendo, mutanda, dicendo, premendas, tenendas, arcendis, ferendum

33 c) Was für ein großes Unheil mussten wir erfahren: Unser Sohn Gaius wurde von Seeräubern gefangen genommen! Er wird entweder das grausame Kreuz erdulden müssen oder schändliche Sklaverei, wenn wir nicht eine große Geldsumme zahlen. Aus diesem Grund werde ich von jenen furchtbaren Drohungen der wilden Seeräuber und von den kaum zu ertragenden Sorgen um den Sohn fast dahin gerafft. Wir müssen Gaius auf jede mögliche Art retten, das geforderte Geld müssen wir zahlen. Bis wir unseren Gaius wieder erhalten, werden wir jenen abscheulichen Seeräubern gehorchen müssen.

Danach freilich werden jene Feinde des Menschengeschlechts bestraft, bezwungen und ausgerottet werden müssen. Ein römisches Schiff hätten sie nicht kapern dürfen, einen römischen Bürger nicht in Ketten legen. Weil jene sich als die Herren aller Meere aufführen, müssen wir sehr tapfer handeln. Von welchem Feind schließlich müssen unsere Truppen gefürchtet werden, wenn die Schandtaten dieser Leute nicht bestraft werden? Wenn nicht Völker, Könige, Städte den Namen Roms respektieren, wird die Herrschaft auf ein anderes Volk übertragen werden. Daher muss der römische Friede immer eingehalten werden, unsere Bürger müssen verteidigt werden.

Doch warum erzähle ich dir das, da du ja die Sache verstehst und siehst, dass die Zeit zum Handeln da ist. Als Statthalter der Provinz Asien, der ein Heer und eine Flotte mit seinem Oberbefehl befehligt, wirst du leicht einen Weg (eine Art) finden, die Seeräuber zu bezwingen. Denn wir kennen deine lobenswerte Tapferkeit und Umsicht. Unseren Gaius vertrauen wir deiner Freundschaft und deiner Tapferkeit an. Lebe wohl!

33 d) quisque - utraque - utriusque - utrique - quoque

Bei Salomon, den jeder für den Weisesten hielt, beanspruchten zwei Frauen dasselbe Kind als ihres. Jede der beiden schwor, die Mutter des Kindes zu sein, der Mann einer jeden wollte, dass es ihm als sein Sohn übergeben werde. Die Begleiter des Königs, die dabei standen, wussten keinen Rat, da es weder Zeugen noch Beweise gab. Auch nach jenem alten Spruch 'Wer zuerst kommt, ist dem Recht nach stärker' konnte die Sache nicht entschieden werden. Der König aber urteilte, es sei gerecht, das Kind zu töten und jeder der beiden Frauen einen Teil zu geben. Dieses Urteil hieß die eine gut, die andere schrie mit lauter Stimme, das erscheine ihr nicht gut: Sie sagte, sie weiche lieber dem Recht als dass sie zustimme, dass ihr Sohn getötet werde. Diese Frau gewann den Prozess und wurde gerade von den edelsten Leuten und vom König selbst sehr gelobt. Denn durch die Sorge um den Sohn erfüllt, hatte sie gezeigt, dass sie die Mutter ist. Salomon wurde, nachdem er das herausgefunden hatte, der weiseste König genannt.

Übungen 34

34 a) Die Flucht ereignete sich so: Wir strebten zum Fluss, als ich von einem Wurfspieß gestreift und von einem heftigen Schmerz im Fuß erfüllt werde; als ich gestürzt war, holten mich die Römer ein. Weil ich mich nicht wehrte, schonten sie mich. So geschah es, dass ich gefangen mit gebundenen Händen ins römische Lager geschleift wurde. Was dort geschah, ich erschaudere, mich daran zu erinnern: Mit Ketten gefesselt, wurde ich mit bösen Worten, Schlägen und Folterungen behandelt. Ich fürchtete das Äußerste, als ich hörte, es werde bald sein, dass ich nach Rom verschleppt würde, um im Triumphzug mitgeführt zu werden. Ich dachte: Was wird mit mir geschehen? Da mein Stamm in die Flucht geschlagen worden ist, kann es nicht geschehen, dass ich freigekauft werde. Was werden die Römer tun, wenn ich, von Sorgen und Schmerzen erschöpft, unterwegs zusammenbreche, weil mir die Kräfte versagen? Was werden die Sieger nach dem Triumphzug tun? Sollen nicht die Gefangenen nach beendetem Triumph getötet werden? Werde ich vielleicht grausamst enden, entweder ans Kreuz gehängt oder zu den wilden Tieren geschickt? Ich bete darum, dass mir das nicht geschieht! Wenn aber Gefangene verkauft werden, werde ich ein Sklave der Römer! Ich kannte einen, der sich selbst tötete, damit das nicht geschieht. Das wollte ich nicht tun. Denn ich erinnerte mich an einen Menschen, der nach vielen Jahren der Sklaverei freigelassen worden war. Als ich mich dann ein wenig erholt hatte, hielt mich eine Hoffnung aufrecht: Es kann geschehen, dass ich freigelassen werde.

34 b) *Gerundive und Gerundien*

Die Helvetier hatten beschlossen, ihre Gebiete zu verlassen. Nachdem sie einen Tag zum Fortgehen festgesetzt hatten, bereiteten sie alles für den Aufbruch vor. Dann baten deren Gesandte den Prokonsul Cäsar um die Möglichkeit, die Provinz zu durchqueren. Cäsar antwortete nicht sofort, weil er sah, dass man ihnen das Verlangte nicht gestatten dürfe. Er setzte einen solchen Zeitpunkt, um Antwort zu geben, fest, dass er Schutztruppen vorbereiten konnte. Denn er erkannte, dass er sich davor hüten müsse, dass jene mit Gewalt durchzuziehen versuchen. Er ließ, um die Barbaren abzuwehren, die Provinz(grenzen) verstärken und die Städte befestigen. Um die Feinde einzuschüchtern, führte er eine neue Legion aus Italien her. Dieser übertrug er die sorgfältigste Sicherung der Privinz(grenzen). Er sagte, die Gewalt der Feinde müsse durch Gewalt gebrochen werden. Denn Cäsar wusste gut, dass er Krieg gegen die Helvetier führen musste. Daher ließ er das Getreide aus den Feldern ins Lager bringen.

34 c)

modus vivendi	eine Art (zusammen)zu leben
mutatis mutandis	unter geänderten Umständen
quod erat demonstrandum	was zu beweisen war
fama crescit eundo	das Gerücht wächst beim Gehen
ars amandi	die Kunst zu lieben
consilium abeundi	der Beschluss/ der Rat fortzugehen
licentia docendi	die Befugnis zu lehren
venia legendi	die Berechtigung Vorlesungen zu halten
utendum est aetate	man muss das Alter nützen
pacta sunt servanda	Verträge sind einzuhalten
in statu nascendi	im Zustand der Geburt
tamen est laudanda voluntas	dennoch ist der Wille lobenswert

Übungen 35

35 a)   A. *Proconsul reum interrogavit*
1. ..., unde ortus, ubi natus fuisset.
2. ..., quando in Asiam venisset.
3. ..., quid in provinciā ageret.
4. ..., cur ludis non interfuisset.
5. ..., num templa deorum adiret.
6. ..., num re vera Christianus esset.
7. ..., num ratione vel metu moveretur.
8. ..., quare dis Romanorum sacrificare non vellet.
9. ..., num intellegeret se maiestatem Caesaris laedere.
10. ..., num civis Romanus esset Caesaremque appellaret.

B. *Proconsul reum interrogare solet*
1. ..., unde ortus, ubi natus fuerit.
2. ...,quando in Asiam venerit.
3. ..., quid in provinciā agat.
4. ..., cur ludis non interfuerit.
5. ..., num templa deorum adeat.
6. ..., num re vera Christianus sit.
7. ..., num ratione vel metu moveatur.
8. ..., quare dis Romanorum sacrificare non velit.
9. ..., num intellegat se maiestatem Caesaris laedere.
10. ..., num civis Romanus sit Caesaremque appellet.

35 b)   Quare ille cliens arenam vitat? Quomodo frater eius periit? Cur gladiator factus est?
Quo aere alieno premebatur? Num quis pecuniae parandae causa libertate uti non vult?
Quid tu de tali re malā sentis? Num sanus fuit, cum id decrevit? Fortiterne pugnavit?
Quid accidit? Quo casu infelix iam in victoriā lapsus est?
Quomodo ab hoste victo ictus misere periit?

35 c)   1. Derjenige, der die Provinz Sizilien leitet, bittet Timotheus, dass er ihm seine Villa verkaufe; er verspricht freilich, dass er ihm einen nicht geringen (mittelmäßigen) Preis zahlen werde.

2. Timotheus geht, weil er sich dessen Bitten widersetzt, nach Stabiä, damit ihm nicht dasselbe geschieht wie seinem Urgroßvater, den C. Verres einst öffentlich auspeitschen (schlagen) ließ.

3. Verres suchte, als er Sizilien befehligte, Bildwerke von größter Kunstfertigkeit und bat, wenn ihm etwas gefiel, dass es ihm erlaubt sei, das bei sich zu Hause anzusehen.

4. Damit ihm alle vertrauten und ihm die Dinge von großem Wert anvertrauten, sagte er, noch niemand habe von ihm sein Eigentum (das Seine) nicht zurückerhalten; und doch gab er niemandem die Sachen zurück.

5. Denen, die ihn baten, die Sachen endlich zuückzugeben, antwortete er, er habe von ihnen niemals irgendeine Sache erhalten.

6. Wer sich ihm widersetzte, den verfolgte er durch seine Klienten, sodass der Arme ihm nachgab oder umkam.

7. Einen römischen Bürger ließ er mit größter Grausamkeit wie einen Sklaven kreuzigen, damit dieser nicht nach Rom gehe und dem Senat über ihn nicht Bericht erstatte.

8. Nachdem Verres die Provinz verlassen hatte, wurde er vom Redner M. Tullius Cicero angeklagt. Dieser bewirkte, dass er, Verres, ins Exil gehen musste.

35 d) 1. Quae homines **volunt**, credunt libenter.

Was die Menschen wollen, das glauben sie gern.

2. Respondit Pilatus: „**Quod** scripsi, scripsi."

Pilatus antwortete: „Was ich geschrieben habe, habe ich geschrieben."

3. Coram his testibus non dicam, quid **sentiam**.

Vor diesen Zeugen werde ich nicht sagen, was ich davon halte (was ich meine).

4. Scio, quibus de causis e provincia **cesserit**.

Ich weiß, aus welchen Gründen er aus der Provinz fortgegangen ist.

5. Tum Caesar ostendit, quid sui consilii **esset**.

Dann zeigte Cäsar, was sein Plan sei.

6. Certiores facti sumus, quae oppida deleta **essent**.

Wir wurden benachrichtigt, welche Städte zerstört worden waren.

Übungen 36

36 a) 1. Valerius in periculo est, nisi hanc rem nuntio.

Valerius ist in Gefahr, wenn ich ihm diese Sache nicht melde.

Valerius in periculo sit, nisi hanc rem nuntiem.

Valerius könnte in Gefahr sein, wenn ich ihm diese Sache nicht melde.

Valerius in periculo esset, nisi hanc rem nuntiarem.

Valerius wäre in Gefahr, wenn ich ihm diese Sache nicht meldete (melden würde).

2. Dominus mihi magnam gratiam referat, si mihi credat.

Der Herr könnte mir sehr dankbar sein, falls er mir glaubt.

Dominus mihi magnam gratiam referret, si mihi crederet.

Der Herr wär mir sehr dankbar, wenn er mir glauben würde.

Dominus mihi magnam gratiam referet, si mihi credet.

Der Herr wird mir sehr dankbar sein, wenn er mir glaubt.

3. Sin de fide mea dubitet, mihi valde irascatur.

Falls er aber an meiner Zuverlässigkeit zweifelt, könnte er mir zürnen.

Sin de fide mea dubitaret, mihi valde irasceretur.

Wenn er aber an meiner Zuverlässigkeit zweifeln würde, würde er mir zürnen.

Sin de fide mea dubitabit, mihi valde irascetur.

Wenn er aber an meiner Zuverlässigkeit zweifelt, wird er mir zürnen.

4. Si quaestio fieret, omnes servi de re interrogarentur.

Wenn es ein Verhör gäbe, würden alle Sklaven über die Sache befragt (werden).

Si quaestio facta esset, omnes servi de re interrogati essent.

Wenn es ein Verhör gegeben hätte, wären alle Sklaven über die Sache befragt worden.

4. Si quaestio fiet, omnes servi de re interrogabuntur.

Wenn es ein Verhör gibt, werden alle Sklaven über die Sache befragt werden.

5. Si Suebi scelus confiteantur, mihi nihil mali accidat.

Falls die Sueben die Tat zugeben, könnte mir nichts Übles geschehen.

Si Suebi scelus confiterentur, mihi nihil mali accideret.

Wenn die Sueben die Tat zugeben würden, würde mir nichts Übles geschehen.

Si Suebi scelus confessi essent, mihi nihil mali accidisset.

Wenn die Sueben die Tat zugegeben hätten, wäre mir nichts Übles geschehen.

Si Suebi scelus confitebuntur, mihi nihil mali accidet.

Wenn die Sueben die Tat gestehen, wird mir nichts Übles geschehen.

6. Suebi quidem, nisi quis concessisset, domo non exissent.

Freilich wären die Sueben nicht aus dem Haus gegangen, wenn es nicht irgendjemand erlaubt hätte.

Suebi quidem, nisi quis concederet, domo non exirent.
Freilich würden die Sueben nicht aus dem Haus gehen, wenn es nicht irgendjemand erlauben würde.
Suebi quidem, nisi quis concedet, domo non exibunt.
Freilich werden die Sueben nicht aus dem Haus gehen, wenn es nicht irgendjemand erlaubt.

7. Sive dominum certiorem faciam sive taceam, periculum subeam.
Ob ich den Herrn benachrichtige oder ob ich schweige, ich könnte Gefahr auf mich nehmen.
Sive dominum certiorem facerem sive tacerem, periculum subirem.
Wenn ich den Herrn benachrichtigen oder wenn ich schweigen würde, ich würde .....
Sive dominum certiorem faciam sive tacebo, periculum subibo.
Ob ich den Herrn benachrichtige oder ob ich schweige, ich werde .....

36 b) Wenn Nero die Empfehlungen seiner im Regieren sehr erfahrenen Mutter befolgen würde, wäre er niemandem verhasst. Agrippina aber wäre jenem, wenn sie ihren Sohn nicht allzu oft korrigiert hätte, nicht verhasst gewesen. Nero ließ seine Mutter, sei es dass er sie fürchtete, sei es dass er von Hass bewegt wurde, töten. Dieses Verbrechen wäre niemandem bekannt geworden, wenn Agrippina durch den von ihm befohlenen Schiffbruch umgekommen wäre. Weil sie nach ihrer Rettung in ihrem Landhaus von Soldaten getötet wurde, war das Verbrechen offenkundig. Hätte jene ihrem Sohn einen Hinterhalt bereitet, wenn die Soldaten nicht den befohlenen Mord in dieser Nacht ausgeführt hätten?   *nach dem Tod Agrippinas zu Lebzeiten Neros*

Daraufhin rieten Freunde dem Nero, weil er sich vor den Geistern der Verstorbenen fürchtete (von den Schatten der Verstorbenen sehr erschreckt wurde), er möge zur Lyra singen. Wenn aber einer offen sage, dass jener schlecht singe und ein sehr schlechter Dichter sei, soll er der Majestätsbeleidigung angeklagt werden. Wenn des Nachts einer auf dem Heimweg dem Nero, der sich als Räuber verkleidet, begegnet, wird er umkommen. Falls er sich aber gegen den Räuber verteidigen sollte, soll er am folgenden Tag vom Kaiser wegen Majestätsbeleidigung verurteilt werden.
nach dem Tod Agrippinas zu Lebzeiten Neros

Den vornehmen Männern ist Nero verhasst, weil er in der Arena den Gladiator spielt, Während er von diesen sehr verachtet wird, ist er beim einfachen Volk wegen der veranstalteten Zirkusspiele sehr beliebt. Wenn er nicht, während Rom brannte,Troja besungen hätte, wäre er nicht in den Verdacht der Brandstiftung geraten. Weil er aber dem einfachen Volk irgendwelche Menschen als Schuldige vorschiebt, könnte er der Gefahr entgehen.   *zu Lebzeiten Neros, nach dem Brand Roms*

36 c)

reverti	Inf. Präs. : zurückkehren
	oder 1.P.Sg.Perf.akt: ich bin zurückgekehrt/kehrte zurück
revertere	Imperativ Sg: kehre zurück!
revertitur	3.P.Sg.Präs: er/sie/es kehrt zurück
revérteris	2.P.Sg.Präs: du kehrst zurück
reverterant	3.P.Pl. Plqupf.akt: sie waren zurückgekehrt
ut revertamini	2.P.Pl.Konj.Präs: damit ihr zurückkehrt
cum reverterim	1.P.Sg.Konj.Perf.akt: nachdem/weil ich zurückgekehrt bin
reversus	Partizip Perfekt aktiv: zurückgekehrt
si revertissent	3.P.Pl.Konj.Plqupf: wenn sie zurückgekehrt wären

Übungen   37

37 a) *Regulus:* "Man könnte glauben, Modestus sei Christ, vor allem weil er die Arena meidet."

Syrus: "Du könntest weder sagen, dass dieser die Götter missachtet noch dass er die Opfer verweigert."

Regulus: "Übrigens könnte man sagen, dass er die Ursache für den Brand in der Taverne geboten hat."

Syrus: "Irgendjemand könnte sagen, dass du alle Kindermärchen glaubst."

Regulus: "Es könnte einer sagen, dass du viel mehr über die Christen weißt als ein guter Sklave [wissen soll]."

Syrus: "Nichts wüsste ich, wenn nicht mein früherer Herr Christ gewesen wäre. Soll ich das nicht zugeben?"

Regulus: "Wer soll dir das glauben, da ihr Christen die Feinde des ganzen Menschengeschlechts seid?"

Syrus: "Es steht fest, dass folgendes das einzige Verbrechen der Christen ist: Sie opfern weder den Göttern noch dem Genius des Kaisers."

Regulus: "Ich würde dir glauben, wenn ich nicht in Erinnerung hätte, dass die Christen von Nero wegen ihrer sehr schlechten Taten mit den grausamsten Hinrichtungen bestraft worden sind. Wer könnte leugnen, dass sie die Urheber des Brandes gewesen sind, durch den die Stadt sogar mit dem Tempel des Kapitolinischen Jupiter verwüstet wurde?"

Syrus: "Hätte etwa irgendjemand öffentlich sagen können, dass sie unschuldig seien und dass Nero selbst den Brand der Stadt befohlen habe, um den Brand Trojas zu besingen? Wer könnte schließlich sicher wissen, ob der Brand, wie das Gerücht besagt, auf Befehl des Tyrannen selbst oder zufällig entstanden ist?"

Regulus: "Doch wer möchte leugnen, dass die Christen die schlimmsten Feinde des Menschengeschlechts sind, weil sie sich den Zirkusspielen und den Opfern fernbleiben?"

Syrus: "Jeder wird es leugnen, der die Vorschriften und die Sitten der Christen, nicht aus zugetragenem Gerücht, sondern wahrhaftig von ihnen selbst kennengelernt hat.- Um auf Modestus zurückzukommen – Man könnte sagen, dass das Tier, das auf der Stufe saß, die erste Ursache des Brandes gewesen ist. Wenn du möchtest, werde ich dich informieren, damit du selbst urteilen kannst, was an der Sache wahr ist. "

Regulus: "Hätte nicht irgendeiner das Tier von dem Platz entfernen können, damit kein Unheil geschieht?"

Syrus: "Es könnte einer sagen, sein Besitzer hätte verhüten müssen, dass keiner beim Eintreten stolpert. Doch da jener das Tier selber nicht sah, wie hätte er das machen sollen? Also kann man sagen, der Brand sei nicht durch Fahrlässigkeit, sondern durch Zufall entfacht worden."

Regulus: "Aber beim Ausbruch des Brandes ließ Modestus die Gefährdeten im Stich. Wer könnte das leugnen?"

Syrus: "Wenn er nicht verletzt worden wäre, hätte er geholfen, dass die Flammen nicht auf die benachbarten Gebäude übergriffen. Denn Modestus folgt den Worten des Horaz: '*Denn es handelt sich um deine Sache, wenn die nächstgelegene Wand brennt, und die nicht beachteten Brände verzehren gewöhnlich die Kräfte.*' Im Übrigen sind die Christen davon überzeugt, dass alle guten Taten, die man für irgendjemanden getan hat, für Christus selbst getan sind, den sie ihren Herrn und Gott nennen."

37 b)   1. *Quid faciam? – Nonne interrogarem? (Konj. der Sollfrage; Ggw.stufe und Vght.stufe)*
        2. *Num quis hoc impediat (prohibeat)? – Hoc neges. (Potentialer Konj.)*
        3. *Caesarne hoc vetaret? – Num hoc credidisses? (Irrealer Konj; Ggw.stufe und Vght.stufe)*
        4. *Laetissimus (-a) essem. – Quis non gavisus esset? (irrealer Konj; Ggw.stufe und Vght.stufe)*
        5. *Hospitio accepti essetis. - Quis non maneret? (irrealer Konj; Vght.stufe und Ggw.stufe)*
        6. *Quid tunc dicerem? – Ego non respondissem. (Sollfrage d. Vght.; irrealer Konj.)*

37 c) 1. Hannibal schlug, nachdem er die Alpen überquert hatte, das römische Heer zweimal (*bis*).
2. Licinius wurde nicht verurteilt, obwohl er von Regulus viermal (*quater*) angeklagt worden war.
4. Vor dem Tod des Augustus besiegten die Römer die Germanen fünfmal (*quinqies*) im Krieg, zweimal (*bis*) wurden sie von jenen besiegt.
5. Nach der Niederlage des Varus soll Augustus nicht nur einmal (*semel*) ausgerufen haben: „*Varus, gib mir die Legionen wieder!*"

Übungen   38

38 a) Ne intret! Ne peream! Ne moriatur! Ne venias! Ne id adspiciatis!
Utinam ne evaderet! Ne fugeritis! Ne timeant! Ne manseris! Ne locutus sis!
Ne eum interrogemus! Ne id expertus sis! Ne duri fueritis! Ne reum damnet!
Ne hoc credideritis! Ne eo ieritis!

38 b) sie hätten begonnen, du hasst, ihr werdet euch erinnern, sie begannen, du verabscheutest, gedenke! (denk an…), Ich begann, er/sie hasst (verabscheut)

38 c)

1. Freuen wir uns also,
   solange wir jung sind!
   Nach der angenehmen Jugend,
   nach dem beschwerlichen Alter
   wird uns die Erde besitzen.

2. Wo sind sie, die vor uns
   in der Welt waren?
   Geht zu den Oberirdischen,
   geht zu den Unterirdischen!
   Wo? Schon waren sie dort!

3. unser Leben ist kurz,
   in Kürze wird es beendet sein.
   Es kommt der Tod schnell,
   er entreißt uns erbarmungslos,
   niemanden wird er schonen.

4. Es lebe die Hochschule'
   Es sollen die Professoren leben!
   Es lebe jedes Mitglied,
   alle Mitglieder sollen leben!
   Immer sollen sie in Blüte sein!

5. Alle Mädchen sollen leben,
   Die netten, die schönen!
   Auch die Frauen sollen leben,
   die zärtlichen, liebenswerten,
   die tüchtigen und arbeitsamen!

6. Auch unser Staat soll leben
   und die ihn lenken!'
   Es lebe unsere Stadt,
   die Zuneigung der Sponsoren,
   die uns hier protegiert!

38 d) 1. Es ist ein Unrecht, das anzusehen.   2. Was ist das Beste zu tun?
3. Es ist leicht zu sagen, warum viele Nero hassen.

38 e) Vater unser, der du im Himmel bist, dein Name werde geheiligt, dein Reich komme, es geschehe dein Wille wie im Himmel so auch auf der Erde. Unser tägliches Brot gib uns heute und erlasse uns unsere Schuld wie auch wir unseren Schuldnern vergeben, und führe uns nicht in Versuschung, sondern erlöse uns vom Bösen!

38 f) 1. Die Konsuln mögen zusehen, dass der Staat keinen Schaden nimmt.
2. Man muss beten, dass ein gesunder Geist in einem gesunden Körper sei.
3. Wenn auch die Kräfte fehlen, ist doch der Wille lobenswert.
4. Er/sie lebe, wachse, blühe auf! - Also lasst uns trinken! - Zum Wohl!
5. Es soll ein Maß in den Dingen sein!
6. *Es geschehe Gerechtigkeit, mag die Welt untergehen!*
7. Kriege mögen andere führen, du, glückliches Österreich, heirate! Denn die Königreiche, die Mars anderen gibt, gibt dir die Venus.
8. Der König sitzt auf dem Scheitelpunkt, er möge sich vor dem Sturz hüten! Denn unten am Glücksrad lesen wir (den Namen) die Königin Hekuba.

Übungen 39

39 a) 1. Dic, quem mittas / Dic, quem miseris / Dic, quem missurus sis.
2. Narra, quid egeris /…, quid agas / …., acturus sis.
3. Nescivi, cur me reliquisset /.., cur me relinqueres. /.., cur me relicturus esses.
4. Ignorant, utrum Romam eant /.., utrum Romam ierint / …, ituri sint necne.
5. Deliberavimus, num id periculosum foret / , …. esset /., ….. fuisset.

39 b) a) <u>Domina interrogavit</u>   b) <u>Domina ex te quaerit</u>

1. …, num Caecilius se odisset.   …, num Caecilius se oderit.
2. …, quid de se questus esset.   …, quid de se questus sit.
3. …, num Caecilius illam libertam amaret.   …, num Caecilius illam libertam amet.
4. …, utrum illam an se dimissurus esset.   …, utrum illam an se dimissurus sit.
5. …, utrum Valerius consilium Caecilii   …, utrum Valerius consilium Caecilii
      probavisset necne.   probaverit necne.

39 c) 1. Ein Sklave suchte, als er die Flucht seines Herrn bemerkt hatte, diesen sorgfältig:
2. Nachdem er ihn eingeholt hatte, bat er ihn, dass er ihn als Begleiter nehme und nicht fürchte.
3. Der Herr stimmte zu, damit er vom Sklaven nicht verraten würde, und sagte: "Wenn ich der Gefahr entkomme und wieder in meine Stellung eingesetzt werde, wirst du von mir mit der Freiheit beschenkt werden."
4. Er dachte freilich: "Wenn ich doch nicht umkäme. Dass er den Soldaten nicht verraten möge, wo ich bin. Wenn er mir nicht treu ist, könnte er mich verraten."
5. Der Sklave antwortete dem Herrn: "Lass die Hoffnung nicht sinken! Vertraue mir! Wir werden sehen, ob dich die Soldaten finden oder nicht."
6. Dann verbarg er den Herrn so sorgfältig, dass man ihn nicht fand. Als die blutrünstigen Soldaten da waren, sagte er:
7. "Wenn ihr doch ein wenig früher gekommen wäret! Ich habe den sehr grausamen Menschen selbst getötet!"
8. Als sie das anzweifelten, zeigte er ihnen die Asche eines getöteten Hundes.

Übungen 40

40 a) *fi (nal), ko(nsekutiv), kau(sal), k(onzessiv)*
1. Sie schickten Gesandte, die über den Frieden verhandeln sollten.   *fi*
2. Sie machten Geschenke, die ihm Freude machen sollten.   *fi*
3. Es gibt Leute, die das Meer und die Wellen fürchten.   *ko*
4. Es gab einige Senatoren, die sich gegen Cäsar verschworen.   *ko*
5. Flava freute sich sehr, weil sie die Münze wieder gefunden hatte.   *kau*
6. Ein Klient tritt, obwohl er den vor dem Haus sitzenden Flaccus fürchtet, dennoch ein.   *k*
7. Nonius und Tertia wurden, obwohl ihr Schiff kenterte, gerettet.   *k*
8. Vettius leidet, weil ihm mehrere sehr schöne Gefäße verloren gingen.   *kau*

40 b) Cornelius Calvus grüßt Valerius Crispus

Mit großer Freude habe ich erfahren, dass Nonius nach Hause zurückgekehrt ist. Halte mich nicht für ängstlich, weil ich dich vor einer Gefahr warne. Ich will nicht der Kassandra gleichen, der, wenn sie Zukünftiges vorhersah, niemals jemand glaubte. Aber ich habe Grund dir zu schreiben: Es gibt etwas, das ich dir sofort mitteilen muss. Es kam aus der Provinz Asien ein Bote, der Meldung machte, dass gerade dieser Statthalter, dessen Quästor Nonius gewesen ist, wegen Korruption angeklagt sein wird. Es gibt Leute, die sagen, dass mit ihm auch unser Nonius in Gefahr sei, obwohl er seine Aufgabe bestens ausgeübt hat. Er möge sich also vorsehen, dass gegen ihn nicht irgendeine Anfeindung entsteht! Mehr Informationen, die ich dem Brief nicht anvertrauen möchte, werde ich dir persönlich erzählen. Denn ich werde zu Beginn des nächsten Monats in Rom eintreffen. Lebe wohl!
                 Geschrieben in Korinth, am 11. September

Übungen   41

41 a)   1. Er versichert, er marschiere inzwischen mit höchster Geschwindigkeit entlang des Donauufers nach Carnuntum.

2. Er meldete, dass jene mit seltener Verwegenheit gegen den Staat die Waffen ergriffen hätten (einen Aufstand gemacht hätten).

3. Er sagt, dass nirgends ein redekundigerer oder weiserer Mann gefunden worden sei.

4. Es steht fest, dass diese Quelle, die von Wald umgeben ist, von wenigen besucht wird.

5. Er sagte, es geschehe manchmal, dass aus jenem Berg Feuerströme ausbrechen.

6. Plinius der Jüngere wusste damals nicht, dass sein Onkel in jener Katastrophe umkommen würde.

41 b) 1. Post malam segetem serendum est.
(Auch) nach einer schlechten Ernte muss man wieder säen.

2. Aurei freni meliorem equum non faciunt.
Goldene Zügel machen nicht ein gutes Pferd.

3. Nondum omnium dierum solem occidit.
Es ist noch nicht aller Tage Abend (Sonnenuntergang).

4. Caelum, non animum mutant, qui trans mare currunt.
Die über das Meer fahren, wechseln die Weltgegend (den Himmel), nicht den Sinn.

5. Fide, sed cui, vide!   Trau, schau, wem!

6. Multum, non multa disce!   Lerne viel, nicht vieles!

7. Noli turbare circulos meos.   Störe meine Kreise nicht !

8. Orandum est, ut sit mens sana in corpore sano. Man muss beten, dass ein gesunder Geist in einem gesunden Körper sei.

9. Fortuna vitrea est; tum, cum splendet, frangitur. Das Glück ist aus Glas; dann, wenn es glitzert, zerbricht es.

10. Ratio utrique parti tempus dat, ira festinat.
Die Vernunft gibt jeder Seite Zeit; der Zorn eilt.

11. Verum gaudium, - crede mihi -, severa res est.
Die wahre Freude – glaube mir – ist eine ernste Sache.

12. Gutta cavat lapidem, consumitur anulus usu.
Der Tropfen höhlt den Stein, der Ring wird durch den Gebrauch abgenützt.

13. Utendum esse aetate, cito pede labitur aetas nec, quae praeterit, hora redire potest.
Man muss die Lebenszeit nützen, mit schnellem Fuß gleitet die Zeit dahin und keine Stunde, die vergeht, kann wiederkommen.

14. Der Zorn ist ein kurzer Wahn.

Übungen   42

42 a) Nero, im Vergleich zu dem niemand schlechter und grausamer war, ließ sogar seine Mutter Agrippina töten. Denn jene verschaffte Nero, wie feststeht, nach dem Tod des Claudius den Prinzipat (die Kaiserwürde); aber sie tadelte ihn all zu oft. Auch die Kinder des Claudius, von denen er glaubte, sie würden ihm vorgezogen, beseitigte er: Britannicus, der offenkundig beim Volk beliebt war, ließ er vergiften. Octavia aber, von der Agrippina wollte, dass sie Nero heirate, wurde unter erfundener Anklage zum Tode verurteilt. Über den Tod der Agrippina dichtete irgendjemand folgende Verse, im Vergleich zu denen nichts bissiger ist:
„Wer leugnet, dass Nero aus dem großen Geschlecht des Äneas stammt?
Dieser hob die Mutter auf, jener den Vater."
Äneas freilich trug den Vater auf seinen Schultern, als er dem Untergang Trojas entkam, Nero beseitigte die Mutter, indem er es den Soldaten befahl.

51

Übungen 43

43 a) Die römischen Feldherren betraten die gallischen Gebiete ohne jede persönliche Gewinnsucht (Gier). Die Germanen hatten diese, nachdem sie (die Gallier) durch Uneinigkeit geschwächt worden waren, unterworfen, weil sie (die Germanen) von ihnen selbst zu Hilfe gerufen worden waren. In wie vielen Schlachten und mit wie großen Anstrengungen unserer Heere wir die Kriege gegen die Germanen führten, ist ausreichend klar. Wir verteidigten die Rheingrenze (den Rhein), damit kein zweiter Ariovist (nicht irgendein andere Ariovist) sich der Königsherrschaft über Gallien bemächtige.

Die Germanen haben Lust daran, nach Gallien hinüberzugehen, sie haben Gier und das Begehren, ihr Wohngebiet zu verändern. Nachdem sie ihre Wälder und Sümpfe verlassen haben, wünschen sie, dieses sehr fruchtbare Ackerland zu besitzen. Freiheit und andere ungemein schön klingende Bezeichnungen gebrauchen sie als Bemäntelung dieser Sache.

Königsherrschaften und Kriege gab es überall in den gallischen Gebieten schon immer, bis ihr unter unsere Herrschaft kamt. Wir haben euch das als einziges auferlegt, um dadurch den Frieden zu erhalten. Denn man kann keine Ruhe unter den Völkern ohne Waffen haben, keine Waffen ohne Kriegsdienst und keinen Kriegsdienst ohne Kriegssteuer. Das Übrige ist gemeinschaftlich, nichts ist abgetrennt oder verschlossen. Die Stadt besitzen wir gemeinsam, Sieger und Besiegte.

Wie ihr allzugroße Wassermassen und die übrigen Naturkatastrophen ertragt, so ertragt die Maßlosigkeit und die Habsucht der Herrschenden! Laster wird es geben, solange es Menschen gibt; aber nicht in einem fort, sondern sie werden durch bessere Menschen, die dazwischen auftreten, aufgewogen. Wenn die Römer – was die Götter abwehren mögen! – vertrieben worden sind, was wird dann anderes sein als Kriege zwischen allen Völkern? Immer drohte die größte Gefahr denen, die sich Gold und Reichtum, die hauptsächlichen Ursachen für den Krieg, bereitet hatten. Daher haltet den Frieden und die Stadt Rom in Ehren! Ihr zieht den Gehorsam mit Sicherheit der Auflehnung mit Verderben vor.

Cerialis möchte den Unmut der unterworfenen Gallier beschwichtigen.
Die Rede vermengt Wahrheit und Übertreibung bzw. Schönfärberei: Er zeichnet die Germanen als rücksichtslose, wilde Aggressoren, denen die Gallier, die durch ständiges Rivalisieren untereinander geschwächt waren, ohne das Eingreifen der Römer hilflos ausgeliefert gewesen wären; die Römer stellt er als die Retter ihrer Freiheit dar. Die Unterwerfung der Gallier unter die römische Ordnung sei ein notwendiges Opfer für diese „Freiheit" und den dauerhaften Frieden, der nur durch die römische Militärpräsenz gewährleistet sei. Als einzigen Nachteil für die Gallier nennt er die Tributzahlungen, die er gleichzeitig verharmlost. Die Römer unterbrächen als „bessere Menschen" die Reihe derer, die aus maßloser Habgier herrschten. Die Rede enthält auch eine verborgene Drohung: Auflehnung gegen die Römer hieße Verderben, Unterwerfung dagegen Wohlstand und Sicherheit. Ohne die römische Ordnung gebe es Chaos und Krieg aller gegen alle. Ja, Cerealis behauptet zuletzt sogar, die Heimat der Gallier sei nun Rom.
Diese typisch imperialistische Taktik und Rhetorik findet sich auch bei modernen Politikern mit imperialistischen Tendenzen wieder.

43 b) Der Überheblichkeit der Römer sucht man vergeblich durch willigen Gehorsam zu entkommen. Den Räubern des Erdkreises fehlten, nachdem sie alles verwüstet hatten, Länder; das Meer durchwühlen sie. Weder der Osten noch der Westen scheint sie gesättigt zu haben.

Wegschleppen, niedermetzeln, rauben nennen sie Herrschaft und Frieden. Die Natur wollte es, dass Kinder und Verwandte einem jeden am teuersten sind: Diese werden durch Rekrutierungen verschleppt, damit sie woanders dienen sollen. Unsere Ehefrauen und Schwestern werden unter dem Titel der Gastfreundschaft vergewaltigt. Unsere Güter werden zu Tributzahlungen, unsere Leiber und Hände beim Wegsammachen von Wäldern und Sümpfen unter Schlägen und Beschimpfungen aufgezehrt. Der Untergang droht uns.

Sogar unsere Tapferkeit erregt bei den Herrschenden Verdacht. Deshalb fasst euch ein Herz, da jede Hoffnung auf Gnade verloren ist! Die Soldaten der Römer haben entweder keine Heimat oder eine andere, das Heer ist aus den verschiedensten Völkern zusammen gewürfelt. Angst und Schrecken sind schwache Bande der Liebe. Wer aufgehört hat zu fürchten, wird zu hassen beginnen. In eben diesem Heer der Feinde werden wir unsere Scharen finden: Die Gallier werden sich an die frühere Freiheit erinnern, die Germanen werden die römischen Feldzeichen verlassen.

Calgacus versucht, den Freiheitswillen der Gallier anzusprechen. Er stellt die Römer als skrupellose, unersättliche Aggressoren dar, die ihr Imperium aus eigensüchtigen Motiven ständig zu erweitern trachten. Die römische Friedensordnung ist für ihn eine Zwangs- und Schreckensherrschaft, die von Gewalttaten und Ausbeutung der Unterworfenen geprägt sei: Frauen werden vergewaltigt, Söhne ins Heer rekrutiert, Vermögen ausgepresst. Die römische Macht werde ausschließlich durch die Militärpräsenz aufrecht erhalten; da das Heer aber aus allen Regionen des Imperiums zusammengewürfelt ist, glaubt Calgacus an seinen baldigen Zerfall: Gallier wie Germanen, die im römischen Heer dienen, würden sich einmal auf ihre Herkunft besinnen und das römische Heer verlassen. Das Ende der römischen Militärmacht stehe bevor.

Übungen   44

44 a) Nummosus brach aus Biriciana auf und gelangte in wenigen Tagen nach Augsburg (Augusta Vindelicorum), wo er den Statthalter von Rätien über die neue Situation benachrichtigte. Adnamatus habe, nachdem die Ländereien der Seinen verwüstet worden seien, den Kampf mit den Germanen begonnen; er habe, da er in der Schacht besiegt worden sei, Gesandte ausgesendet, welche die Römer zu Hilfe rufen sollten. Da die Gesandten unverrichteter Dinge zurückgekehrt seien, habe Adnamatus, in jeder Hoffnung getäuscht, die Germanen schließlich um Frieden gebeten. Damit seine Stadt nicht erobert würde, habe Adnamatus seinen Sohn Vegetus als Geisel gegeben. Es bestehe kein Zweifel, dass jener lieber die Freundschaft mit dem römischen Volk aufgäbe als seinen Sohn verliere. Denn die Römer hätten den belagerten Vindelikern keine Hilfe geleistet.
Nummosus glaubte, dass Adnamatus sicher nicht von der Art sei, dass er nicht für die Rettung des Sohnes Sorge trage. Er nahm an, dass dieser, da er durch die gestellten Geiseln dazu gezwungen werden könnte, den Germanen folgen werde. Er zeigte, wenn das geschähe, bestünde die große Gefahr für die Provinz, dass Adnamatus mit seinen Leuten zum Feind überlaufe.

Deshalb forderte Nummosus den Statthalter auf, dass jener durch Verteilung von Schutzposten vorsorge, dass er nicht irgendeinen Schaden von den Germanen erleide. Er warnte, dass die Germanen trotz besiegelten Friedens, trotz erhaltener Geiseln und trotz geschlossenen Bündnisses dennoch aus Kampfeslust, aus Hoffnung auf Beute und aus Herrschsucht Adnamatus bedrängen würden. Daher halte er es für sicher, dass Vegetus elend zugrunde gehe, ob nun Adnamatus das Bündnis mit den Römern oder mit den Germanen einhalte.

Von diesen Dingen informiert überlegte der Statthalter, was zu tun und veranlassen sei. Er sah ein, dass es für die Römer ein großer Vorteil wäre, wenn Vegetus bei gegebener Gelegenheit flüchten würde. Dennoch zweifelte er nicht daran, dass jener keine Hoffnung auf Flucht habe. Nummosus stimmte dem Statthalter zu; dennoch fragte er, ob er Leute auswähle, welche die Situation auskundschaften sollten. Er meinte, die Angelegenheit müsse er ausführen und fasste den Entschluss, Vegetus zu befreien. Der Statthalter erkannte, dass dies ziemlich schwierig sei, beschloss (wollte) aber, dass diese Aufgabe ausgeführt werde.

Rekonstruiertes Nordtor des Kastell Biriciana (Weißenburg/Bayern)

Nummosus erkennt, dass sich Adnamatus durch seinen Angriff auf die Germanen, die Niederlage und die Übergabe seines Sohnes als Geisel, mit der er die Eroberung von Biriciana verhindern konnte, in eine sehr schwierige Lage gebracht hat. Die Verweigerung der Hilfe durch die Römer, mit denen er ein Friedensbündnis hat, zeigt ihm, dass er von den Römern nichts erwarten kann. Diese verfolgen nur, was ihnen selber nützt. Egal, welches der beiden Bündnisse Adnamatus brechen wird, es wird zu seinem Nachteil sein. Er wird dem Druck der Germanen nicht lange standhalten können, zumal er seinen Sohn nicht verlieren will. Der Statthalter glaubt dem Bericht des Nummosus und hält dessen Einschätzung für realistisch. Daher sorgt er durch Verstärkung der Wachposten vor und wird Kundschafter aussenden. Den Vorschlag einer Aktionzur Befreiung des Vegetus nimmt der Statthalter an, obwohl er weiß, wie schwierig das ist. Er traut dem Nummosus offensichtlich viel zu.

44 b) Nach dem Aufbruch des Nummosus befiehlt der Statthalter dem Adnamatus durch Gesandte, dass er sich wegen der Flucht der Geiseln auf einen Angriff der Germanen gefasst machen möge und sich mit den Seinen dem Schutz der Römer anvertrauen solle. Er werde von Titus erreichen, dass sie - nachdem sie das Bündnis mit den Römern erneuert haben - neue Wohnsitze in der Provinz erhalten, falls die ihnen zu Hilfe gesendeten Legionen die Germanen von Biriciana nicht abhalten können. Adnamatus solle die Freundschaft mit dem römischen Volk einhalten! Denn die Germanen würden ganz Gallien den Krieg erklären, wenn nicht die Römer den Gefährdeten Hilfe brächten. Er solle sich nicht allein mit den Germanen bekriegen und den Romern die Hilfstruppen nicht verweigern! Da auf der einen Seite die Römer, auf der anderen die Germanan stünden, möge er nicht hoffen, dass er in der Mitte sicher sein werde: Die Germanen schonten nicht einmal die Unterworfenen.
Adnamatus antwortete, dass er keinen Entschluss fassen werde, solange sein Sohn in der Gewalt der Feinde sei. Nach dieser Antwort verließ er die Unterredung. Denn er sah, dass die Situation auf des Messers Schneide sei (in höchster Entscheidung): Er erkannte, dass die Seinen - durch die ungünstigen Schlacht verängstigt, durch Verwundungen geschwächt, durch Hunger bedrängt – alle dasselbe meinten: Man müsse sich hüten, dass sie nicht selbst einen Nachteil erfahren und die Geiseln nicht umkommen.

Während das in Biriciana stattfand, informierte der Statthalter Rätiens den Statthalter Norikums über die neue Situation. Die Statthalter von Germanien und Pannonien warnte er vor der drohenden Gefahr und berichtete dem Titus selbst davon. Dieser beschloss, die Grenzen Rätiens zu sichern und eine Legion aus Pannonien nach Rätien zu verlegen.

Der Statthalter schickt Gesandte zu Adnamatus, um ihn zur Bündnistreue mit Rom zu bestärken. Er verspricht ihm, falls die Germanen trotz römischer Hilfe Biriciana zerstören sollten, neue Wohnplätze in der römischen Provinz – eine ungewöhnliche Maßnahme. Er gibt zu bedenken, dass nur die Römer die Germanen erfolgreich abwehren können und dass Adnamatus von den Germanen nichts Gutes zu erwarten habe, sie schonten nicht einmal die Unterworfenen. Adnamatus antwortet klug, dass er keine Entscheidung treffe, solange sein Sohn als Geisel bei den Germanen sei. Er weiß, dass das Hauptanliegen seines Volkes die Rettung der Geiseln ist.
Der Statthalter informiert über die heikle Lage und den zu erwartenden Angriff der Germanen die Statthalter der Nachbarprovinzen und Titus selbst, der eine Legion aus Pannonien nach Rätien sendet.

44 c) Nummosus war in den vorangegangenen Jahren einige Male ins Gebiet der Germanen gereist, um Wein zu verkaufen. Mit einigen Gehilfen brach er dorthin auf. Nach einer Reise von mehreren Tagen gelangte er schließlich in das Wohngebiet derer, die kurz zuvor Biriciana angegriffen hatten. Nachdem er dort angekommen war, umringten die Germanen von Schaulust bewogen die Wagen von allen Seiten; unter ihnen war auch Vegetus. Denn ein Teil der Geiseln wurden anstelle von Sklaven, ein Teil auch in Ketten gehalten; der junge Vegetus war den Söhnen des Fürsten als Gefährte übergeben worden. Als die übrigen auf Wein, Kleidung und Schmuck konzentriert waren, erreichte Nummosus eine Gelegenheit zur Unterredung und er eröffnete dem Vegetus den Grund seines Kommens. Dieser hütete sich, einen Verdacht zu erregen, als er den Gast erkannte. Der alte Mann aber belehrte den jungen Mann darüber, dass dies die einzige Hoffnung auf Rettung sei.
Bald ist Nummosus gastlich aufgenommen und er gibt dem Markomannenfürsten einen silbernen Becher und Amphoren mit Wein zum Geschenk. Zum Fest eingeladen feuert er die Germenen an, nach ihrem Brauch reinen Wein zu trinken, bis alle vom Wein besiegt werden. Zu Mitternacht schließlich schlafen alle. Vegetus allerdings hatte sich bei Anbruch der Nacht (bei der ersten Nachtwache) zurückgezogen. Als die Wächter vom Wein bezwungen daliegen, gab er den übrigen Geiseln die Möglichkeit zur Flucht und forderte sie auf, sofort zu fliehen, damit sie nicht getötet würden. Dann versteckte er sich im Wagen des Nummosus. Am nächsten Tag geraten die Germanen, als sie die Flucht der Geiseln bemerkt hatten, in Aufruhr. Nummosus fragt, was für ein Unglück denn passiert sei, und wendet so den Verdacht von sich. Die Germanen, die glauben, dass Vegetus mit den übrigen geflüchtet sei, verfolgen die Flüchtigen. Dann brach Nummosus mit seinen Leuten auf.

Nummosus ist bei den Germanen kein Unbekannter, seine Waren sind bei ihnen heiß begehrt. Er macht dem Fürsten teure Geschenke, dieser gewährt ihm Gastfreundschaft und lässt ein Fest feiern, zum Anlass der willkommenen Gelegenheit. Während Römer Wein zumeist mit Wasser vermischen, trinken die Germanen den Wein pur. Sie sind den süßen, italischen Wein, der ihnen besonders schmeckt, nicht gewohnt (Germanen brauten und tranken Bier) und bald betrunken. So gelingt sein verwegener Plan.
Es kommt Nummosus dabei zugute, dass Vegetus nicht wie andere Geiseln gefesselt in Gewahrsam gehalten wird, sondern als Gefährte der Fürstenkinder dient. So treffen Nummosus und Vegetus schon bei dessen Ankunft zusammen und erkennen einander.

Die Porta Nigra, das mächtige Nordtor (Außenseite)
der Römerstadt Augusta Treverorum (Trier).
Trier, ursprünglich ein Oppidum der keltischen Treverer, war unter Kaiser Konstantin zeitweise
kaiserlicher Regierungssitz, wurde prächtig ausgestattet und deshalb auch das zweite Rom
genannt. Die Porta Nigra ("schwarzes Tor") ist so gut erhalten, weil im Mittelalter ein Teil des
antiken Bauwerks als Kirche genutzt wurde.

By Virtual-Pano - Own work, CC BY-SA 4.0, https://commons.wikimedia.org/w/index.php?curid=123083128